모태펀드 문화계정 재원 확충 방안 연구

문화체육관광부

(주)휴먼컬처아리랑

2014년 8월 15일 1판 1쇄 인쇄
2014년 8월 15일 1판 1쇄 발행

지 은 이	문화체육관광부
발 행 인	이현숙
표 지	김학용
발 행 처	생각쉼표 & 주)휴먼컬처아리랑
	서울특별시 영등포구 여의도동 45-13 코오롱포레스텔 309
전 화	070) 8866 - 2220 FAX • 02) 784-4111
등록번호	제 2009 - 000008호
등록일자	2009년 12월 29일

www.휴먼컬처아리랑.kr
ISBN 979-11-85111-52-0

모태펀드 문화계정 재원 확충 방안 연구

문화체육관광부

목 차

요약문 ··· ix

제1장 서론 ··· 1
1. 모태펀드 문화계정 재원 확충 방안 모색 ······································· 3
2. 문화콘텐츠 진흥기금의 설치 ··· 4

제2장 문산 기금과 모태펀드 문화계정 현황 ······································· 7
1. 문화산업진흥기금 : 설치와 폐지 ··· 9
2. 모태펀드 문화계정 현황 ··· 14
3. 모태펀드 문화계정의 성과 ··· 16

제3장 콘텐츠 산업에 대한 금융과 재정 지원의 해외 사례 분석 ········ 19
1. 영국의 콘텐츠 산업에 대한 금융과 재정지원 제도 ················· 21
   가. 창조산업 지원 제도 개요 ··· 21
   나. 창조산업 자금지원 ··· 22
   다. 창조산업 성과 및 콘텐츠 관련 정책적 논의 ····················· 25
2. 호주의 콘텐츠 산업에 대한 금융과 재정지원 제도 ················· 28
   가. 창조산업 지원 제도 개요 ··· 28
   나. 정책자금 지원 ··· 28
   다. 정책성과 ··· 33
3. 프랑스의 콘텐츠 산업에 대한 금융과 재정지원 제도 ············· 36
   가. CNC를 통한 영상산업의 지원 ··· 36
   나. 영상프로그램 제작지원 기금(COSIP) ·································· 36
   다. 영화·영상산업지원기구(SOFICA) ·· 38
4. 미국의 콘텐츠 산업에 대한 금융과 재정지원 제도 ················· 40
   가. 미국 콘텐츠산업 공공 지원제도 개요 ································· 40
   나. 지방정부차원의 지원제도 ··· 41
5. 싱가포르의 영상산업 금융 지원 ··· 45

가. 싱가포르 문화산업 지원정책 개요 ·· 45
　　나. MDA의 자금 지원 ·· 46
　　다. 투자 펀드 (International Film Fund, IFF) ····································· 49
　6. 홍콩의 영화지원 기금 ·· 50
　　가. FSO ·· 50
　　나. The Film Development Fund (FDF) ·· 50
　　다. The Film Guarantee Fund (FGF) ·· 51
　7. 해외 사례를 통해 본 시사점 ·· 53

제4장 모태펀드 문화계정 재원 확충방안 ···55
　1. 기금으로부터 모태펀드 출연 방안 ·· 57
　　가. 영화발전기금 ·· 58
　　나. 문화예술진흥기금 ·· 61
　　다. 관광진흥개발기금 ·· 64
　　라. 국민체육진흥기금 ·· 68
　　마. 방송통신발전기금 ·· 74
　　바. 정보통신진흥기금 ·· 78
　　사. 종합 논의 ··· 83
　　아. 법령 개정 ··· 89
　　자. 〈보론〉 정보통신산업에서 콘텐츠의 중요성과 콘텐츠 지원의 필요성 ············· 96
　2. 콘텐츠사업자에게 부담금 부과 ·· 103
　　가. 부담금 부과 절차 ·· 103
　　나. 콘텐츠 사업자 부담금 신설 ··· 107
　　다. 콘텐츠 사업자 부담금 부과 방안 ·· 114
　3. 모태펀드 문화계정 재원 확충을 위한 법 개정 사항 ···························· 125

제5장 문화콘텐츠진흥기금의 설치 방안 ···127
　1. 기금 설치의 요건 ·· 129
　　가. 평가지표 구성 ··· 129
　　나. 평가결과 ·· 130
　2. 문화콘텐츠진흥 기금 설치의 필요성 ·· 133
　　가. 모태펀드 문화계정 한계 ·· 133
　　나. 문산기금 폐지 시점과 달라진 환경 변화 ······································· 140

다. 콘텐츠 기금의 형태가 필요한 이유 ··· 142
　3. **문화콘텐츠진흥기금의 설계** ··· 147
　　가. 문화콘텐츠진흥기금의 설치안 ··· 147
　　나. 문화콘텐츠진흥기금의 운영 방안 ··· 148
　　다. 문화콘텐츠 진흥기금의 재원에 대한 평가 ······································· 150

제6장 결 론 ··· 151
　1. 모태펀드 문화계정 재원 확충의 실현 ··· 154
　2. 문화콘텐츠진흥 기금설치의 실현 ··· 155

참고문헌 ··· 157

표 목 차

〈표 1〉 문화산업진흥기금 운용 총괄표 ·················· 11
〈표 2〉 문화산업진흥기금 조성 총액 ··················· 12
〈표 3〉 문화산업진흥기금 지출 누계액 ················· 12
〈표 4〉 모태펀드 문화계정 연도별 출자내역과 투자 추이 ·········· 15
〈표 5〉 모태펀드 문화계정 분야별 투자 현황 ············· 15
〈표 6〉 향후 4년간 모태펀드 문화계정 정부 출자금 소요액 추정치 ······· 16
〈표 7〉 성과 지표 중 '문화계정 정책목표'의 '10년도 실적 및 목표치 ······ 16
〈표 8〉 모태펀드 문화계정의 경제적 효과(2008년1월 ~ 2012년3월) ········ 17
〈표 9〉 창조산업 관련 영국 공공부문 지원 펀드 ··············· 24
〈표 10〉 산업분야별 생존 비율 (survival rate) ················ 27
〈표 11〉 창조산업분야 기업체수 ······················· 33
〈표 12〉 SOFICA의 투자조합별 출자금 규모와 독립제작사 투자 비율(2009년 기준) ···· 39
〈표 13〉 미국 낙후지역 영상물 제작지원 프로그램 ············· 41
〈표 14〉 뉴멕시코주 영화 융자 실적과 성과 (2003~2011) ········· 44
〈표 15〉 장르별 개발 지원항목 및 지원한도 ················ 47
〈표 16〉 장르별 제작 지원항목 ······················· 48
〈표 17〉 영화발전기금 수입 내역 ······················ 59
〈표 18〉 영화발전기금 지출 내역 ······················ 60
〈표 19〉 영화발전기금 투융자 활용 내역 ·················· 60
〈표 20〉 문화예술진흥기금 수입 내역 ··················· 62
〈표 21〉 문화예술진흥기금 지출 내역 ··················· 63
〈표 22〉 관광진흥개발기금 수입 내역 ··················· 65
〈표 23〉 관광진흥개발기금 지출 내역 ··················· 66
〈표 24〉 연도별 주요 관광통계 ······················· 67
〈표 25〉 한국방문 선택시 고려요인 ···················· 67
〈표 26〉 국민체육진흥기금 수입 내역 ··················· 70
〈표 27〉 국민체육진흥기금 지출 내역 ··················· 71
〈표 28〉 여가활동 유형별 참여비율 ···················· 73

〈표 29〉 휴식활동 참여비율 ········· 73
〈표 30〉 취미오락 활동 참여비율 ········· 73
〈표 31〉 문화예술 관람활동 참여비율 ········· 73
〈표 32〉 스포츠 관람활동 참여비율 ········· 74
〈표 33〉 방송통신발전기금 수입 내역 ········· 76
〈표 34〉 방송통신발전기금 지출 내역 ········· 77
〈표 35〉 정보통신진흥기금 수입 내역 ········· 79
〈표 36〉 정보통신진흥기금 지출 내역 ········· 80
〈표 37〉 통신서비스 시장 매출액 추이 ········· 81
〈표 38〉 방송통신융합서비스 매출액 추이 ········· 82
〈표 39〉 기금별 문화콘텐츠 관련성 평가 ········· 84
〈표 40〉 기금별 규모 및 주요 재원 ········· 86
〈표 41〉 기금별 여유자금 규모 및 비율 ········· 87
〈표 42〉 기금별 모태펀드 출연가능 등급 판정 ········· 88
〈표 43〉 모태펀드 출연 사례별 당시 상황 ········· 88
〈표 44〉 기금별 모태펀드 출연 결정액 산정 사례 ········· 89
〈표 45〉 기금별 모태펀드 출연 근거조항 수립 필요성과 용도 ········· 89
〈표 46〉 관광진흥개발기금법 개정안 ········· 90
〈표 47〉 관광진흥개발기금법 시행령 개정안 ········· 91
〈표 48〉 국민체육진흥법 개정안 ········· 92
〈표 49〉 경륜·경정법 개정안 ········· 93
〈표 50〉 경륜·경정법 시행령 개정안 ········· 94
〈표 51〉 방송통신발전기본법 개정안 ········· 95
〈표 52〉 정보통신산업 진흥법 개정안 ········· 96
〈표 53〉 ICT산업 정의(OECD) ········· 97
〈표 54〉 콘텐츠 미디어 산업의 정의(ISIC Rev.4) ········· 97
〈표 55〉 정보통신 분류 체계(KAIT) ········· 98
〈표 56〉 기관별 ICT산업 정의 ········· 98
〈표 57〉 국내 GDP 및 ICT 산업 성장 추이 ········· 99
〈표 58〉 미디어 변화에 따른 가치사슬별 의미 ········· 100
〈표 59〉 융합시대 콘텐츠와 플랫폼의 변화 ········· 101
〈표 60〉 부담금 신설 심의 기준으로 본 콘텐츠 부담금 ········· 108
〈표 61〉 음악산업의 수익 배분 비율 ········· 110

〈표 62〉 매출액 300억 이상 기업의 콘텐츠 매출액(2010년) ················· 115
〈표 63〉 게임산업 업종별 매출액 현황 ·· 116
〈표 64〉 애니메이션산업 업종별 매출액 현황 ····································· 117
〈표 65〉 음악산업 업종별 매출액 현황 ·· 118
〈표 66〉 캐릭터산업 업종별 매출액 현황 ·· 119
〈표 67〉 주요 포털 사업자 개요 ·· 120
〈표 68〉 (주)NHN(네이버) 매출 개요 ·· 121
〈표 69〉 (주)다음커뮤니케이션(다음) 매출 개요 ································· 121
〈표 70〉 (주)SK Communications(네이트) 매출 개요 ······················· 121
〈표 71〉 (주)케이티하이텔(파란) 매출 개요 ·· 122
〈표 72〉 네오위즈 매출 개요 ··· 122
〈표 73〉 통신서비스 시장 매출액 ·· 123
〈표 74〉 방송통신 융합서비스 매출액 추이 ·· 124
〈표 75〉 기금 존치 여부 종합 의견 결정 기준 ·································· 132
〈표 76〉 완성보증 신청 대비 실적(2012년 3월 기준) ······················ 137
〈표 77〉 방송진흥기금 대출 현황(2009-2011년) ································ 138
〈표 78〉 예산과 기금의 비교 ··· 143
〈표 79〉 연도별 재정융자사업 추이 ··· 144
〈표 80〉 문화콘텐츠진흥 정책수단별 예산 ··· 145
〈표 81〉 문화콘텐츠 관련 예산과 매출액 및 수출액 간의 상관관계가 가장 큰 시차 ············ 146
〈표 82〉 문화콘텐츠 진흥기금의 수입과 지출 계획 ·························· 149
〈표 83〉 모태펀드 문화계정 재원 확충과 문화콘텐츠 기금의 설치에 필요한 법령 개정과 관련 부처 · 153

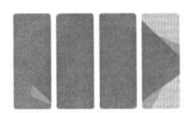

그 림 목 차

[그림 1] 호주정부의 혁신시스템 지원 프로그램 ·· 29
[그림 2] 주정부, 연방정부의 Arts 형태에 따른 펀딩 ·· 35
[그림 3] 2012년 SOFICA의 출자금 규모 ·· 39
[그림 4] 기금별 운용 규모 추이 ·· 86
[그림 5] 부담금 신·증설시 심의절차 ·· 105
[그림 6] 드라마 콘텐츠에 대한 수익배분율 구성 ·· 111
[그림 7] 온라인 게임에 대한 수익배분율 구성 ·· 112
[그림 8] 모바일 게임에 대한 수익배분율 구성 ·· 113
[그림 9] 기금존치 판정 절차 요약 ·· 131

요 약 문

요 약 문

1. 서론

가. 연구 배경

콘텐츠 기업들은 경영에서 '투자 유치 및 자금조달'에 가장 큰 어려움을 겪고 있음

나. 연구 목적

모태펀드 문화계정의 재원 확충 방안과 문화콘텐츠진흥기금의 설치 방안 모색

2. 문산기금과 모태펀드 문화계정의 현황

가. 문화산업진흥기금의 설치와 폐지

- 김대중 정부의 문화콘텐츠산업 육성 의지에 따라 1999년에 설치됨
- 1999년부터 2003년간 국고가 2,200억 원, 방송발전기금이 140억 원 등이 출연됨
- 이 기금은 주로 융자사업과 자본 지출에 투입되었고, 일부 경상 사업에도 지출됨
- 2003년 기금존치평가에서 '폐지' 권고를 받음 : 이유는 ① 융자실적이 저조하고 수동적인 지원을 하고 있음 ② 기금 재원을 일반회계에 의존하고 있음 ③ 타 기금과 중복됨 ④ 재원의 안정성이 우려됨
- 2006년에 폐지되었고, 이 재원은 2007년에 중기청이 운영하는 모태펀드 문화계정으로 편입됨

나. 모태펀드 문화계정의 현황

● 문화계정에서 2011년 12월 기준으로 총 8,144억 원의 자조합 결성(모태출자액 2,889억 원)되어 6,793억원이 투자됨
- 자조합의 투자 건수는 1,056건이고, 건당 평균 투자금액은 5억~8억 원
- 분야별로는 영화(50.9%), 게임(15.3%), 공연(12.1%) 순으로 투자됨

- 2011년 기준으로 문화계정에서 출자 가능한 재원은 400억 원, 2013년과 2014년에 추가로 출자할 재원이 없음

3. 콘텐츠 산업에 대한 금융과 재정 지원의 해외 사례 분석

가. 영국의 콘텐츠 산업에 대한 금융과 재정 지원

- 영국의 지원 정책은 자금지원, 인력양성, 창업 컨설팅 지원으로 구성됨
- 자금지원은 세금 감면과 공공 펀드 운영으로 구성됨

나. 호주의 콘텐츠 산업에 대한 금융과 재정 지원

- 호주의 지원 정책은 자금지원, 인력배양, 경영지원으로 구성됨
- 창조산업의 정책이 최근에 기존의 R&D중심의 지원에서 산업 진흥 중심으로 변화됨
- 창업지원 시스템 : 창업자금 지원, 연구개발, 비즈니스지원 프로그램으로 구성됨
- 미디어 및 콘텐츠 분야에의 기금 지원 : 방송과 영화에 많은 지원을 하고 있음

다. 프랑스의 콘텐츠 산업에 대한 금융과 재정 지원

- CNC의 영상 프로그램 제작지원 기금 : 영상물 유통사업자로부터 부과금을 징수하여 독립제작사 등 제작사에게 지원
- 영화·영상산업지원기구(SOFICA) : 영화와 영상물 제작에 대한 현금 지원 또는 투자를 하고 있고, SOFICA에 투자한 주체들에게 세제 혜택을 줌

라. 미국의 콘텐츠 산업에 대한 금융과 재정 지원

- 연방정부차원의 영상산업지원은 낙후지역 지원과 중소기업 지원의 차원에서 시행 : 주로 세제 혜택
- 주 정부들은 지역발전을 위하여 영화 및 영상물의 제작에 인센티브 제공 : 제작비 환급, 세제 혜택, 융자 지원으로 구성됨

마. 싱가포르의 콘텐츠 산업에 대한 금융과 재정 지원

- 국가 기관이 투자 지원과 자금 지원을 하고 있음
- 자금지원은 개발지원, 제작지원, 마케팅지원, 재능지원, 신인 감독 지원으로 구성됨
- 2009년에 국제필름투자펀드를 설립하여 영상물에 공동 투자

바. 홍콩의 콘텐츠 산업에 대한 금융과 재정 지원

- 홍콩 영화산업의 발전을 위하여 영화진흥위원회, 영화진흥기금, 영화보증펀드를 운영

사. 해외 사례를 통해 본 시사점

- 외국 정부는 창조(또는 영상)산업의 발전을 위해서 금융, 세제 지원, 연구개발, 인력 양성에 지원
- 기금을 통한 정책지원의 확대와 함께 연구개발, 인력배양 등의 관련 지원 분야와의 시너지가 중요
- 프랑스의 경우 영상물 유통사업자로부터 부과금을 징수하여 독립제작사를 포함한 제작자에게 지원

4. 모태펀드 문화계정 재원 확충 방안

가. 기금으로부터 모태펀드 출연

- 영화발전기금, 관광진흥개발기금, 방송통신발전기금, 정보통신진흥기금으로부터 출연 가능성이 크고, 국민체육진흥기금의 경우 출연 가능성이 중간으로 평가됨
- 이들 기금으로부터 최근 3년간 여유자금의 10%(국민체육진흥기금의 경우 5%)씩 출연할 경우 출연금은 945억 원이 됨

<표> IT와 문화 관련 기금으로부터 모태펀드로 출연 가능성 검토

기금명	출연 근거	출연 가능성 등급			
		문화콘텐츠 관련성	재원 건전성	여유자금 비중	종합 등급
영화발전기금	영화의 진흥	상	중	상	상
문화예술진흥기금	문화예술을 구현하는 창구 육성	중	하	상	하
관광진흥개발기금	한류로 인한 방한 관광객 증가	상	상	하	상
국민체육진흥기금	여가 선용	중	상	중	중
방송통신발전기금	다 플랫폼 시대 콘텐츠의 중요성 증가	상	상	중	상
정보통신진흥기금		상	상	상	상

- 정보통신진흥기금, 방송통신발전기금, 영화발전기금은 각각 디지털콘텐츠, 방송프로그램 및 영화의 제작과 유통에 지원할 수 있는 근거 규정을 가지고 있지만, 이를 본격적으로 모태펀드 문화계정에 출연하기 위해서는 관련 법 규정을 개정하는 것이 바람직함
- 관광진흥기금과 국민체육진흥기금으로부터 출연받기 위해서는 관련 법 규정의 개정이 반드시 필요함

나. 콘텐츠 사업자에게 부담금 부과

- 콘텐츠 사업자중 연간 콘텐츠 사업 매출액이 300억 원을 초과하는 기업에게 매출액의 0.5%이내 부과
- 출판사업자와 방송사업자는 부과대상에서 제외함 : 출판사업자는 부가세를 면제받고 있고, 방송사업자는 방송통신발전기금을 내고 있음
- 통신사업자의 경우 정보통신진흥기금을 내고 있지만, 통신사업자의 콘텐츠 매출액을 부과 대상으로 함
- 모태펀드 문화계정에서 연간 700억~900억 원이 부족하므로, 이중 2/3는 기금으로부터 출연 받고, 1/3은 부과금으로 부과할 경우 부과금은 약 300억 원 내외가 필요함 : 2010년도 매출액 기준으로 콘텐츠 대기업 매출액의 0.20%를 부과하면 288억 원이 조성됨
- 콘텐츠 부과금을 부과하기 위해서는 '문화산업진흥기본법'에 근거 조항을 신설해야 하고, 부담금관리기본법 별표를 개정하여 근거 조항을 추가해야 함

5. 문화콘텐츠 진흥기금의 설치 방안

- 문화콘텐츠 진흥기금이 필요한 이유 : ① 모태펀드의 경우 음악과 애니메이션에 대한 투자가 어렵고, 융자 수요를 충족시킬 수 없으며, 중기청에서 관리하므로 문화상품의 특성

을 반영하기 어려움. ② 문산 기금을 폐지하던 시점과는 문화콘텐츠 사업의 환경이 많이 변화함 : 콘텐츠진흥 기관이 전문화되어 있고, 문화콘텐츠 사업은 타 기금과 중복되지 않으며, 타기금으로부터 출연금과 문화콘텐츠 기업으로부터 부과금으로 재원이 안정화됨 ③ 문화콘텐츠와 같이 투자와 융자 지원을 필수적으로 요구하는 사업은 예산이 아닌 기금의 형태로 운영되는 것이 보다 적절함.
- ● 문화콘텐츠 진흥 기금을 설치하기 위해서는 문화산업진흥기본법에 관련 조항이 신설되어야 하고, 국가재정법 별표2에 관련 근거를 추가해야 함
- 문화콘텐츠 진흥기금의 재원은 향후 10연간 총 1조 8618억으로 설계 : 일반회계에서 매년 1,000억씩 3년간 전입, IT와 문화 관련 기금으로부터 매년 945억 원씩 전입, 모태펀드 문화계정으로부터 3,288억 원을 출연, 콘텐츠 부담금으로 향후 5년간 매년 576억 원씩 출연
- 이 기금의 연간 수입과 지출 규모는 약 3,000여 억 원이 됨 : 매년 경상비로 500억 원, 자본지출로 700억 원, 융자사업으로 1,000억 원의 사업이 가능하여 투자와 융자 수요의 대부분을 충당할 수 있음

6. 결론

- 모태펀드 문화계정 재원 확충과 문화콘텐츠 기금의 설치에 필요한 법령 개정과 관련 부처는 아래 표에 정리함
- 기획재정부를 포함한 여러 부처의 협조와 국회의 동의가 있어야 가능함

<표> 모태펀드 문화계정 재원 확충과 문화콘텐츠 기금의 설치에 필요한 법령 개정과 관련 부처

내 용			법령 개정	관련 부처
모태펀드 문화계정 재원 확충	IT와 문화 관련 기금으로부터 출연		관광진흥개발기금, 국민체육진흥기금 관련 법률	문화부 내
			방송통신발전기금 관련 법률	방송통신위원회
			정보통신진흥기금 관련 법률	지식경제부
	콘텐츠 사업자에게 부담금 부과		문화산업진흥기본법과 부담금관리기본법	문화부와 기획재정부
문화콘텐츠 진흥기금의 설치	기금 설치 방안		문화산업진흥기본법과 국가재정법	문화부와 기획재정부
	재원 확충 방안	일반 회계	-	기획 재정부
		IT와 문화관련 기금으로부터 출연	관광진흥개발기금, 국민체육진흥기금 관련 법률, 방송통신발전기금 관련 법률, 정보통신진흥기금 관련 법률	문화부, 방송통신위원회, 지식경제부
		모태펀드 문화계정	-	중기청
		콘텐츠 부담금	문화산업진흥기본법과 부담금관리기본법	문화부와 기획재정부

제1장

서 론

제1장 서론

　정부는 콘텐츠 기업이 직면한 금융의 문제를 해결하기 위해서 2007년부터 모태펀드 문화계정의 운용을 통하여 콘텐츠 관련 프로젝터와 기업에의 투자를 활성화하고 있다. 융자제도로는 중소기업진흥공단의 정책자금, 완성보증제도, 방송진흥기금 등을 운영하고 있다. 그럼에도 불구하고 2010년과 2011년에 콘텐츠 기업을 대상으로 조사한 바에 의하면 경영상 가장 어려운 분야는 '투자 유치 및 자금조달'을 들었다. 따라서 현재 운용되고 있는 콘텐츠 프로젝터와 기업에 대한 정책 금융을 개선하고 확대할 필요가 있음을 알 수 있다. 이러한 필요를 충족시키는 방안을 모색하기 위해서 본 연구가 기획되었다. 이 연구에서는 크게 두 가지 방향에서 이 필요를 충족시키려고 한다. 첫째로, 모태펀드 문화계정의 재원을 확충하여 콘텐츠 프로젝터와 기업에 대한 투자를 늘리려는 것이다. 둘째로, 콘텐츠 기업이 필요로 하는 융자와 보조금의 필요를 충족시켜주기 위해서 2006년에 폐지된 문화산업진흥기금과 유사한 문화콘텐츠 진흥기금을 설치하려고 한다.

1. 모태펀드 문화계정 재원 확충 방안 모색

　콘텐츠산업에서 필요한 자금 조달은 프로젝터에 대한 지분투자 중심으로 은행대출의 비중이 다른 산업에 비해서 상대적으로 낮다. 콘텐츠 산업은 다른 산업에 비하여 수익률의 변동성이 크고 활동적인 대부분의 기업들이 중소기업으로 구성되어 있을 뿐만 아니라, 자산의 구성도 대출에 대한 담보로 잡기에 적합한 부동산이나 설비투자의 비중이 낮아 은행 등 금융기관의 대출을 통한 금융조달의 비중이 낮은 특징을 보이고 있다(옥성수, 2006, 3쪽).
　이러한 특징을 고려하여 정부는 콘텐츠에 대한 투자를 활성화하기 위하여 모태펀드내 문화계정을 운영하고 있는데, 이 계정에 약 2,820억 원의 재원이 출연되어 있다. 모태펀드 문화계정은 2011년 8월 기준 총 36개 조합이 결성되었으며, 자조합 결성규모는 총 6,468억 원(모태출자액 2,289억 원, 청산 완료된 2개 조합 제외)이었다. 자조합 총 결성액 6,468억 원 중에서 6,038억 원이 투자되었으며, 총 투자 건수는 945건이었다. 분야별로는 영화(50.6%), 게임(16.3%), 공연(12.5%), 애니/캐릭터(6.9%), 드라마(4.9%) 순으로 투자가 이루어졌다.
모태펀드가 출범된 이후 문화콘텐츠 펀드 결성 수와 결성 규모가 크게 증가하였다. 전체 문화콘텐츠 펀드 중 73%가 모태펀드의 출자를 통해 결성되었으며 한국영화의 약 69%에 모태 출자 펀드의 자금이 투입되었다(모태펀드에는 문화계정외에 영화계정이 별도로 있다). 현재 문화계정에서 출자 가능한 재원은 400억 원 정도이고, 2013년과 2014년에 추가로 출자될 계획이 없기 때문에, 이 재원을 3년간 분할해서 사용해야 하는 실정이다.

한편 문화콘텐츠 산업의 규모는 지속적으로 증가하고 있고, 콘텐츠 제작의 중요성이 강조되고 있다. 이에 따라 콘텐츠의 제작에 대한 금융 지원이 확대되어야 한다. 이를 위해서 모태펀드내 문화계정의 출자액을 증액할 필요성이 제기된다. 최근 연구에 따르면 향후 4년간(2015년까지) 모태펀드 문화계정의 출자금이 약 3,147억 원이 소요될 것이라고 한다(한국콘텐츠진흥원, 2011.11). 이 연구를 기준으로 보면 모태펀드내 문화계정은 단기적으로 327억 원이 추가로 출자되어야 하고, 장기적으로 이 계정의 출자액을 지속적으로 확대할 방안이 마련되어야 한다.

본 연구에서는 모태펀드내 문화계정의 출자액을 확대하기 위한 방안을 모색한다. 기획재정부(2011.9)는 모태펀드에 대한 정부 재원지원을 최소화하겠다는 방침을 밝혀, 국고를 받아 문화계정의 출자액을 확충하기는 쉽지 않은 상황이다. 대안으로는 콘텐츠 사업자로부터 분담금이나 출연금을 받는 방안을 검토해 볼 수 있다.

현재 방송사업자는 방송법의 규정에 따라 매출액 또는 당기순이익의 일정 비율을 방송발전기금으로 내도록 되어 있다. 방송발전기금 중 일부를 문화계정으로 출연 받을 수 있을지 검토할 필요가 있다. 영화의 경우 극장 관람료의 3%를 부가금으로 받아 영화발전기금으로 활용하고 있다. 영화발전기금의 연간 예산 규모는 2010년에 444억 원, 2011년에 421억 원인데, 이중 일부는 영상전문투자조합에 출자하고 있는데, 2010년에는 110억 원, 2011년에는 60억 원을 출자하였다. 이 출자금을 모태펀드 문화계정에서 받을 수 있는지를 검토할 필요가 있다. 그리고 현재 어느 기금에도 민간 부담금을 내지 않고 있는 방송과 영화 이외의 콘텐츠 사업자 즉, 게임, 음악, 캐릭터, 그리고 이들 콘텐츠 유통사업자로부터 모태펀드 문화계정으로 부담금을 낼 수 있도록 강제하는 방안을 검토할 필요가 있다.

2. 문화콘텐츠 진흥기금의 설치

한편 콘텐츠 사업자들은 경영상 가장 어려운 분야로 "투자유치 및 자금조달"을 들고 있다. 위에서 설명한 바와 같이 콘텐츠 사업자의 수익률 변동이 심하고, 규모가 작으며, 담보 제공 능력도 떨어지므로 금융권으로부터 투자를 받거나 융자 받기가 어렵다. 따라서 콘텐츠 사업자들에 대해서 융자를 해주는 정책 금융제도가 필요하다.

또한 모태펀드는 중기청이 관리하는 정책금융 제도이므로 문화산업의 특성을 반영하여 투자 제도를 설계하기가 구조적으로 어렵다. 그리고 1999년에 만들어진 문화산업진흥기금이 2003년에 기금존치 평가에서 폐지를 권고 받았고 최종적으로 2006년에 폐지된 바 있다. 2003년 시점과 이로부터 9년이 지난 2012년은 문화콘텐츠 산업의 환경도 바뀌어 문화콘텐츠 진흥기금의 필요성이 증대하였다. 현재 운영되고 있는 정책 금융을 받기가 점점 더 어려워지고 있는데, 그 이유는 정책 금융의 규모는 변하지 않는데 정책 금융의 수요는 증가하기 때문이다. 그리고 기금을 운영할 주체도 변화하여 신설될 기금을 효율적으로 운영할 수 있게 되었다. 이 보고서의 후반에는 과거 문산기금과 유사한 문화콘텐츠 진흥기금의 설치의 필요성을 제시하고 이를 문산 기본법 등에 법제화하는 방안을 제안한다.

　이 보고서의 2장에서는 문화산업진흥기금의 설치와 폐지 과정을 소개한 다음에 모태펀드 문화계정의 운영 현황을 정리하였다. 3장에서는 해외 주요 국가에서 창조산업(또는 영상산업)을 진흥하는 제도를 금융 지원제도를 중심으로 정리하면서 금융 지원제도와 더불어 세제 지원이 있는 경우에 이를 포함하였다. 4장에서는 모태펀드 문화계정의 재원 확충방안을 제안하였다. 재원으로는 IT와 문화와 관련된 타 기금으로부터 출연 받는 방안과 문화콘텐츠 사업자 중 대기업에게 부과금을 부여하는 방안을 제시하였다. 5장에서는 문화콘텐츠 진흥기금을 설치하는 방안을 설계하였다. 이 기금의 재원으로는 일반회계, 모태펀드 문화계정의 이관, IT와 문화와 관련된 타 기금으로부터 출연, 문화콘텐츠 사업자 중 대기업에게 부과금으로 구성되고, 이렇게 조성된 기금을 콘텐츠 사업자에게 보조금, 투자, 융자 등으로 사용한다. 6장에서는 앞 장에서 제안된 내용을 구현하기에 필요한 내용을 정리한다.

/ 제2장

문산 기금과 모태펀드 문화계정 현황

제2장 문산 기금과 모태펀드 문화계정 현황

1. 문화산업진흥기금 : 설치와 폐지

가. 문화산업진흥기금의 설치와 목적

1998년 2월에 출범한 김대중 정부는 문화콘텐츠산업을 육성할 의지가 이전 정부보다 강력하였다. 이러한 의지가 '문화산업진흥기본법'의 제정으로 나타났다. 이 법안은 1998년 12월에 제안되어 단 한 번의 수정을 거쳐 1999년 1월에 국회 본회의를 통과하였다. 문화산업진흥기본법 제정 당시 국회 회의록을 보면 "문화산업이 국가의 주요 전략산업으로 부각됨에 따라 문화산업의 지원 및 진흥에 관한 기본법을 제정하여 문화산업발전의 기반을 조성하고 경쟁력을 강화함으로써 국민의 문화적 삶의 질 향상과 국민경제의 발전에 이바지함"을 제안목적으로 밝히고 있는데, 민간부문에서 발견된 성장가능성을 정부 지원을 통해 지속가능한 산업으로 육성시키겠다는 의지가 드러나 있다. 본 법안에서는 문화산업의 법위를 규정하고, 이의 진흥과 관련된 세부정책으로 한국문화산업진흥위원회와 한국문화콘텐츠진흥원을 두기로 하고, 문화산업진흥기금을 설치하는 등 지금까지 시행되고 있는 기본적인 문화콘텐츠 진흥정책 방향이 이 시기에 다져졌다.(김규찬, 2012, 62쪽)

1999년 2월 8일에 제정되고 동년 5월 9일에 발표된 문화산업진흥기본법(법률 제5927호)의 제5장에 문화산업진흥기금 규정을 두고 있는데, 4개 조항으로 구성된 이 장에서는 문화산업진흥기금의 설치, 관리·운용, 용도 등을 규정하고 있다.

제33조 (문화산업진흥기금의 설치) ① 문화산업 진흥을 위하여 문화산업진흥기금(이하 "기금"이라 한다)을 설치한다.
②제1항의 규정에 의해 설치되는 기금은 다음 각 호의 재원으로 조성한다.
1. 정부의 출연금 및 융자금
2. 정부외의 자의 출연금 및 융자금
3. 국채관리기금으로부터의 예수금
4. 제35조의 규정에 의한 공공단체 등의 문화산업 지원금
5. 문화관광부 소관의 다른 기금 등(결산잉여금 등과 문화산업관련 금고를 포함한다)으로부터의 전입금
6. 기금의 운용으로 생기는 수익금
7. 기타 대통령령이 정하는 수입금

③문화관광부장관은 기금의 원금의 전부 또는 일부를 문화산업 진흥을 위한 융자 재원으로 활용할 수 있다. 이 경우 문화관광부장관은 관계기관의 장과 협의하여야 한다.
④정부는 매회계연도마다 예산의 범위 안에서 기금에 대한 출연금 및 융자금을 세출예산에 계상하여야 한다.

제34조 (기금의 관리·운용) ① 기금은 문화관광부장관이 관리·운용한다.
②문화관광부장관은 기금의 관리·운용에 관한 사무의 전부 또는 일부를 대통령령이 정하는 바에 따라 제31조의 규정에 의한 연구·개발기관에 위탁할 수 있다.
③기금의 조성방법·관리·운용 등에 관하여 필요한 사항은 대통령령으로 정한다.

제35조 (공공단체 등의 문화산업 지원금) ① 문화관광부장관은 대통령령이 정하는 소관 공공단체 등에 대하여 기금을 지원하게 할 수 있다.
②제1항의 규정에 의한 공공단체 등으로부터 지원방법·지원규모 기타 필요한 사항은 대통령령으로 정한다.

제36조 (기금의 용도) 기금은 다음 각호의 사업에 사용한다.
1. 우수문화상품과 수출전략 문화상품의 개발 및 제작 지원
2. 문화산업관련 기업의 창업 지원
3. 투자회사, 투자조합의 문화산업관련 사업 지원
4. 제작자, 독립제작사 등의 문화상품 제작 지원
5. 유통전문회사의 설립·운영 지원
6. 국가간 공동제작·합작투자 지원
7. 기타 문화산업 진흥을 위하여 대통령령으로 정하는 사업

나. 문화산업진흥기금의 운용

문화산업진흥기금의 운용을 수입과 지출 측면에서 살펴보자. 기획예산처에서 매년 발간하는 『기금현황』 자료를 모아서 문화산업진흥기금의 운용 총괄표(〈표 1〉)를 만들었다.

<표 1> 문화산업진흥기금 운용 총괄표

(단위 : 억 원)

	'99	'00	'01	'02	'03	'04	'05	'06
수입	630	953	1,282	1,388	2,162	1,374	1,855	2,032
ｏ 자체세입	12	75	161	273	428	399	474	459
－ 이자수입	8	46	100	81	102	74	167	151
－ 경상이전수입	－	－	1	1	2	－	－	－
－ 융자 원금 회수	3	29	60	191	324	325	307	308
ｏ 정부내부수입	500	600	540	400	300	0	0	0
일반회계전입	500	500	500	400	300	0	0	0
공공기금전입	－	100	40	－	－	－	－	－
ｏ 민간출연금	40	－	－	－	－	－	－	－
ｏ 차입금	－	－	－	－	－	－	－	－
ｏ 기타여유자금회수	78	278	581	715	1,434	1,434	1,381	1,573
예금은행회수	78	278	581	715	1,434	1,434	1,381	1,573
지출	630	953	1,282	1,388	2,162	1,374	1,855	2,032
ｏ 사업비	78	311	601	716	294	390	282	944
경상사업	－	15	52	43	4	－	－	－
자본지출	－	50	200	295	－	50	－	500
융자사업	78	246	349	378	290	340	280	442
ｏ 기금관리비	－	－	1	1	4	3	2	2
ｏ 정부내부지출	－	－	－	－	－	－	－	－
ｏ 차입금원금상환	－	－	－	－	－	－	－	－
ｏ 기타여유자금운용	552	642	681	671	1,864	981	1,573	1,088
예금은행예치	552	642	681	671	1,864	981	1,573	1,088

출처 : 기획예산처(각년도), 『기금현황』.

 이 기금의 재원은 국고, 방송발전기금, 민간출연금 그리고 이자로 구성되어 있다. 1999년부터 2006년간 이 기금에 출연된 재원의 구성을 보면 다음 〈표 2〉와 같다. 1999년부터 2003년간 국고가 2,200억 원이 출연되었고, 2000년과 2001년에 방송발전기금이 140억 원 출연되었으며, 1999년에 민간이 40억을 출연하였고, 이자수입 등이 733억이 발생하였다. 이 기금의 재원을 국고에 의존하고 새로운 재원이 발굴되지 않음에 따라 2003년도 기금존치 평가에서 "폐지"판정을 받게 되는 원인 중 하나가 되었다.

<표 2> 문화산업진흥기금 조성 총액

(단위 : 억 원)

기금 조성 총액	3,113
국고	2,200
방송발전기금	140
민간출연금	40
이자수입 등	733

출처 : 위 〈표 1〉에 의거해 계산함

　1999년에서 2006년간 운영된 문화산업진흥기금의 지출액을 쉽게 보기 위해서 이 기간에 지출된 액을 합계하였다. 문화산업진흥기금 중 사업비에 지출한 내용을 살펴보면, 이 기금은 주로 융자사업에 지출한 것을 알 수 있다. 융자사업에 기금의 20.6%가 지출되었다. 융자대상으로는 '문화상품개발'과 '유통구조 및 시설현대화'에 대한 융자이다.[1] 다음으로 큰 비중을 차지한 것이 자본지출(9.4%)로 이는 문화콘텐츠, 게임, 방송, 음악 등 문화산업 투자조합에 출자하여 투자조합의 결성을 지원하였다. 경상비로 1%(114억 원)가 지출되었는데, 문화산업 관련단체에 인건비와 연구비로 지원되었다.

<표 3> 문화산업진흥기금 지출 누계액

(단위 : 억 원)

기금 지출 누계	금액 11,676	비중100(%)
o 사업비	3,616	31.0
－ 경상사업	114	1.0
－ 자본지출	1,095	9.4
－ 융자사업	2,403	20.6
기금관리비	13	0.1
기타여유운용	8,052	69.0

출처 : 위 〈표 1〉에 의거해 계산함

　문화산업진흥기금은 이와 같은 사업비에 지출한 금액보다 사업비로 사용하지 않고 은행에 예치해둔 금액의 비중이 더 컸음을 알 수 있다. 기타여유운용의 비중이 문화산업진흥기금 지출 누계액에서 차지하는 비중이 69%로, 2003년도 기금존치평가에서 문화산업진흥기금이 효율적으로 사용

---

[1] 융자사업으로 인한 사업자의 혜택은 시장이자율과 기금이자율간의 차이만큼 얻는다. 융자가 구조적으로 어렵던 1960-1970년대와는 달리 2000년대에는 담보만 제공할 수 있으면 쉽게 융자를 얻을 수 있기 때문에 융자 그 자체가 큰 혜택이던 시대는 지났다.

되고 있지 못하다는 평가를 받는데 결정적 역할을 한 것으로 판단된다.

다. 문화산업진흥기금의 평가와 폐지

정부는 기금이 과다해지자 재정혁신차원에서 각 개별기금의 존치 여부에 대한 평가를 제도화하였다. 기금관리기본법을 개정하여(2003년 12월) 매 3년마다 기금의 존치여부를 평가하도록 하였다. 이에 따라 2004년에 기존존치평가가 처음으로 이루어져 『기금존치평가보고서(기획예산처, 2004.8)』가 발표되었다. 2004년 기금운용평가단은 57개 기금을 39개로 축소하도록 제안하였다. 이때 문화산업진흥기금은 폐지대상에 포함되었는데, 그 이유를 정리하면 다음과 같다.

첫째로, 문화산업진흥기금 사업이 융자사업 위주로 되어 있음에도 불구하고 융자사업의 실적이 계획보다 저조하고, 명확한 로드맵 없이 기업들의 수요에 따라가는 수동적인 지원을 위주로 하고 있다. 둘째로, 이 기금의 경우 기금 재원이 일반회계에 의존하고 사업의 신축성이 크게 요구되고 있지 않기 때문에 융자사업을 이차보전 형식으로 전환하여 기금을 폐지하고 일반사업으로 통합해야 한다. 셋째로, 사업 내용과 목적이 일반 예산 사업, 방송발전기금, 문화예술진흥기금, 정보화기금, 중소기업진흥및산업기반기금 등과 일부 중복되는 문제가 있다.

『기존존치평가보고서(기획예산처, 2004.8, 175쪽)』에서는 문화산업 기금재원의 안정성을 높이기 위한 방안이 제시되어 있는데, 본 과제의 목적 달성에 필요한 정보가 포함되어 있어서 아래에 인용한다:

> 중장기적으로 지원대상 업체가 성공할 경우 기술료를 징수하는 방안, 한국방송광고공사의 수익금 일부를 문화산업진흥기금에 한시적으로 출연하는 방안, 조세특례제한법 개정을 통한 기부금 징수, 중소기업청의 일부 자금을 활용하여 문화산업투자조합 결성 등을 검토하고 있으나 아직 구체적인 추가재원 조달방안 수립은 미흡한 실정임. 아울러 문화산업의 수혜자로부터 재원을 조성한다는 측면에서 문화복권의 신설 혹은 로또복권의 수익금 일부를 배분받거나 문화카드 사업 등을 통해 재원을 확충할 계획이나 이러한 계획도 아직 구체성을 띠지 못하고 아이디어 차원에서 논의되고 있는 수준으로 향후 기금재원의 안정성이 우려됨.

2004년 8월에 기획예산처가 기금의 통폐합 방안을 발표하자 기금을 운용하던 각 부처는 이에 반발하여 통폐합 대상 기금을 되살리려는 노력을 한다. 18개 통폐합 대상 기금 중 최종적으로 폐지된 기금은 문화산업진흥기금, 방위산업육성기금, 순국선열애국지사사업기금 등 6개이다. 문화산업진흥기금은 2006년까지 운용되었고, 이 기금의 자산은 2007년부터 중기청이 운영하는 모태펀드 문화계정으로 이관하기로 결정하였다. 이에 따라 문화산업진흥기본법을 개정하여(법률 제8555호, 2007.7.27.) 이 법 부칙에 문산기금을 중소기업투자모태조합의 문화산업 별도 계정에 출자하는 규정을 추가하였다. 문산기금의 모태펀드로의 이전이 종료된 2009년 5월에 문화산업진흥기본법에서 문산기금을 규정하고 있던 제 39조~제42조가 삭제되었다.

2. 모태펀드 문화계정 현황

가. 모태펀드 현황

2005년 벤처투자를 목적으로 하는 한국모태펀드(Korea Fund of Funds)가 만들어져 2011년까지 1조 3,616억 원이 조성되었고 30년간 운영될 계획이다. 2000년대 초 벤처버블 붕괴 이후 벤처캐피탈 시장은 급속도로 축소되어 2004년 12월 정부는 「벤처기업 활성화대책」을 발표하였고, 동 대책에서 정부의 창업투자조합에 대한 투자 확대의 일환으로 모태펀드를 조성하기로 하였다. 이에 정부는 「벤처기업육성에관한특별조치법」을 개정하여 모태펀드의 법적 근거를 마련하였고, 2005년 6월 모태펀드가 결성되어 한국벤처주식회사가 운용·관리 업무를 담당하고 있다.

모태조합 재원은 2011년 8월 기준 중진계정 약 8,695억 원, 문화계정 약 2,820억 원, 특허계정 약 1,430억 원, 영화계정 570억 원, 방통계정 100억 원, 업무집행조합원인 한국벤처투자 1억 원으로 총 1조 3,616억 원 규모의 재원으로 구성되어 있다. 문화계정은 중점지원 분야와 일반 분야로 구분하여 모집된다. 문화계정 중점분야는 기존의 방송드라마, 애니메이션(캐릭터 포함), 공연·예술, 게임, CG·3D 및 2011년 처음 실시된 중점 분야인 제작초기와 글로벌 펀드로 나누어진다. 문화계정 일반분야는 중점 지원분야 이외의 문화산업 분야 중 1개 또는 2개 이상의 분야의 기업 및 프로젝터에 대한 투자를 대상으로 하며, 모태펀드 최대 출자 비율은 40%이다.

나. 모태펀드 문화 계정 현황

문화계정에서 결성된 조합의 수와 결성액 규모를 보면, 2011년 8월 기준으로 총 36개 조합이 결성되었으며, 이 중 2개 조합은 청산이 완료되었다. 2011년 12월 기준으로 자조합 결성규모는 총 8,144억 원(모태출자액 2,889억 원)으로 이중 6,793억 원이 투자되었다. 자조합의 투자 건수의 1,056건이고, 건당 평균 투자금액은 5억~8억 원이었다.

<표 4> 모태펀드 문화계정 연도별 출자내역과 투자 추이

(단위 : 억 원, 개, 2011년 8월말 기준)

연도	출자내역						투자 실적		
	중점지원 분야		일반 분야		합계		건수	투자액	건당평균 투자액
	결성규모	모태출자	결성규모	모태출자	결성규모	모태출자			
2006	0	0	187	51	187	51			
2007	740	296	550	165	1,040	358	39	313	8.0
2008	500	200	1,021	306	1,771	606	178	994	5.6
2009	1119	412	626	91	1,420	373	212	1,360	6.4
2010	480	228	490	165	1,295	523	285	1,789	6.3
2011	2,231	895	200	80	755	375	342	2,337	6.8
합계	5,070	2,031	3,074	858	8,144	2,889	1,056	6,793	6.4

출처 : 한국벤처(2012), "2011.12월 모태펀드(문화계정) 투자현황 보고".

　분야별로는 영화(50.9%), 게임(15.3%), 공연(12.1%) 순으로 투자되었다. 모태펀드 문화계정의 성과를 보자. 전체 문화콘텐츠 펀드 중 73%가 모태펀드의 출자를 통해 결성되었고, 2008년 이후 개봉한 영화 148편 중 103편에 모태펀드 출자 펀드가 투자하였다. 모태펀드가 투자한 자조합의 결성액 중 93%가 투자되었고, 2011년 8월 기준으로 회수가 완료된 투자의 수익률은 0.0% 수준으로 나타났다. 2011년부터 투자가 시작된 영화계정의 경우, 결성액 대비 투자비율은 28%이다. 총 결성액 270억 원에서 76억 원의 투자가 집행되었다.

<표 5> 모태펀드 문화계정 분야별 투자 현황

(단위 : 억 원, 2011년 12월 말 기준)

구분	영화	공연	게임	음원	전시	애니/캐릭터	드라마	인터넷/모바일	기타	합계
건수	551	170	95	80	19	62	35	23	21	1,056
금액	3,456	824	1,040	167	125	489	411	139	143	6,793
비율(%)	50.9	12.1	15.3	2.5	1.8	7.2	6.1	2.0	2.1	100.0

출처 : 한국벤처(2012), "2011.12월 모태펀드(문화계정) 투자현황 보고".

다. 모태펀드 문화 계정 출자금 소요액과 재원 부족

　2011년 기준으로 문화계정에서 출자 가능한 재원은 400억 원 정도이고, 2013년과 2014년에 추가로 출자될 계획이 없기 때문에, 이 재원을 3년간 분할해서 사용해야 하는 실정이다. 2007년 이후 투자한 펀드가 청산되는(청산기간은 평균적으로 8연) 2015년 이후에는 회수되는 재원을 이용하여 출자할 수 있다.

한국문화관광연구원(2011.11)이 추계한 바에 의하면 2012년부터 2015년까지 향후 4년간 모태펀드 문화계정의 소요액은 약 3,137억 원으로 추정되었다.

<표 6> 향후 4년간 모태펀드 문화계정 정부 출자금 소요액 추정치

(단위 : 억 원)

구분	2012	2013	2014	2015	계
결성액(예상)	3,232	3,653	4,112	4,640	15,637
정부 출자금(모태펀드 출자) 소요액(예상)	642.3	731.1	829.7	943.8	3,146.9

출처 : 한국문화관광연구원(2011), 『모태펀드 문화계정 운용 효율화 방안 연구』, 44쪽.

이 추정 결과를 받아들이면, 2012년부터 문화계정의 재원 부족 현상이 발생하게 된다. 부족한 재원의 규모를 보면 2012년에는 약 640억 원, 2012년에는 730억 원, 2014년에는 830억 원, 2015년에는 630억 원(= 943억(소요액)-313억(2007년 투자액))이다.

3. 모태펀드 문화계정의 성과

모태펀드 문화계정의 성과를 "2010년도 모태펀드 성과평가 보고서(KIS Pricing)"에 근거하여 살펴보자. 모태펀드의 평가를 위해서 17개의 성과목표를 설정하였는데, 그 중의 하나가 '문화계정 정책 목표'이다. 2010년에 문화계정은 '양호'한 것으로 평가 받았다(아래표 참조). '문화계정 정책 목표'는 3가지 성과 지표로 이루어져 있고, 목표대비 달성률이 가장 좋은 것이 '문화향수 개선 및 국가 이미지 향상 효과'였고, 그 다음이 문화 계정 투자의 집중도가 완화되었다는 것이고, 문화산업의 육성정도는 목표에 약간 미달하였다.

<표 7> 성과 지표 중 '문화계정 정책목표'의 '10년도 실적 및 목표치

성과목표	성과지표	'10실적	'10목표	달성률(%)
문화계정 정책목표	문화계정 투자를 통한 전체 문화산업 육성 정도	4.53	4.91	92.3
	문화 계정 투자를 통한 문화향수 개선 및 국가 이미지 향상 효과	5.42	3.57	152.1
	문화 계정의 투자 포트폴리오의 산업 집중도	0.381	0.44	112.5

출처 : KIS Pricing(2011), 『10년도 모태펀드 성과평가 보고서』, 23쪽.

문화계정 투자와 문화산업 매출액 증가율 간에 상관관계가 있고, 문화산업 매출액의 증가율이 양호한 수준이므로 문화계정 투자가 양적인 측면에서 문화산업의 육성에 어느 정도 기여한다고 평가하였다. 그리고 투자자와 투자기업에 대해서 설문조사한 결과에 의하면 모태펀드가 문화콘텐츠 산업의 질적 발전에 기여하였다는 평가를 내린 응답이 85%이상이었다. 고용창출에 대한 설문조사 한 결과에 의하면 모태펀드가 문화콘텐츠 산업의 고용창출에 기여했느냐는 질문에 대하여 투자기업은 80%가 긍정적인 답변을, 투자자는 68%가 긍정적인 답변을 하였다.

문화계정 투자가 문화소비지출과 국가이미지 개선에 미친 효과의 경우 목표보다 초과 달성하였다. 2007년 이후 지속적으로 감소하던 문화소비지출이 2010년에는 5.42% 증가하여 크게 개선되었다. 모태계정이 국가이미지 향상에 기여하였느냐는 설문에 대해서 투자기업은 71%가 긍정적인 답변을 하였고, 투자자는 37%가 긍정적인 답변을 하였고 50%가 "보통"이라고 답변하였다.

문화계정의 투자는 영화 산업에 집중되는 현상의 보여 왔는데, 이러한 집중은 완화되어야 바람직하다. 투자의 콘텐츠 장르별 집중도를 HHI지수로 측정한 결과 2008년 이후 집중도가 완화되고 있음을 알 수 있다. HHI지수가 2008년의 0.284에서 2010년의 0.381로 완화되었다.

한편 모태펀드 평가보고서에 제시되지 않은 경제적 효과를 분석하기 위해서 한국벤처투자에 조사를 의뢰하여 모태펀드 문화계정으로 인한 매출액, 종사자수, 수출액을 조사하였다. 이 조사는 2012년 4월 한 달간 이루어졌고, 한국벤처투자가 문화계정의 자금으로 투자한 자펀드에 문의하여 회신 받은 결과를 집계한 것이다. 모태펀드 문화계정은 2008년부터 2011년 3월까지 932건에 투자하였으며 총 투자금액은 6,579억 원이었고, 이중 3,241억 원이 회수되었다. 문화계정으로 인한 매출액은 3,241억 원이었고, 종사자수는 30만여 명이었으며, 수출액은 3,289억 원이었다. 여기서 투자 건수의 5.4%인 50건은 기업에 대한 투자였는데, 이 경우 매출액, 종사자수, 수출액은 투자 받은 기업의 2011년도 자료를 적었기 때문에 위 자료가 정확하게 문화계정으로 인한 효과라고 하기에는 정확도가 떨어진다.

<표 8> 모태펀드 문화계정의 경제적 효과(2008년1월 ~ 2012년3월)

(단위 : 억 원)

	효과
투자건수	932건(882건은 프로젝터투자, 50건의 기업투자)
총투자금액	6,579
총회수액	3,241
매출액	49,087
종사자수	380,103명
수출액	3,289

출처 : 한국벤처투자가 2012년 4월에 조사한 자료
주1) 매출액 : 기업투자면 2011년 매출액, 프로젝트 투자면 펀드와 상관없이 프로젝트 전체의 매출
주2) 종사자수 : 기업투자의 경우 2011년 말 시점의 종업원 수, 전액 회수한 경우 최종 회수 시점(회수완료일과 동일시점)의 종업원 수(파악이 어려우면 가능한 가장 근접한 날짜의 종업원 수), 프로젝트의 경우 프로젝트에 참여한 총 인원 (파악 가능한 수준)

제3장

콘텐츠 산업에 대한 금융과 재정 지원의 해외 사례 분석

제3장 콘텐츠 산업에 대한 금융과 재정 지원의 해외 사례 분석

문화콘텐츠 산업에 대한 정부의 지원은 우리나라뿐만 아니라 영국, 호주, 프랑스, 캐나다, 미국, 중국, 싱가포르, 홍콩 등에서도 이루어지고 있다. 여기에서는 해외에서 문화산업에 대한 금융지원을 어떠한 방식으로 하고 있으며, 금융지원과 연계된 세제 지원에 어떠한 것이 있는지를 조사하여 정리하였다. 위에서 제시된 국가 중에서 캐나다의 지원 사례는 프랑스와 비슷하므로 사례 분석을 생략하였다. 그리고 중국의 경우 문화산업펀드를 2011년 7월에 설립하였는데, 1년이 채 지나지 않은 현재 시점에 투자 동향이나 투자 성과를 분석하기에 너무 이르기 때문에 사례 분석을 하지 않았다.

1. 영국의 콘텐츠 산업에 대한 금융과 재정지원 제도

가. 창조산업 지원 제도 개요

창조산업의 성장에 가장 큰 장애는 소위 'funding gap'이나 'funding escalator' 등으로 인한 투자자금에 대한 접근이 어렵다는 점이다.[2] 특히 혁신적인 아이디어를 탐색(proof of concept)하는 단계에서는 더욱 그러하다(Cutler & Company. 2008). 이를 위해 유럽국가 중 영국은 여타 국가에 비해 지난 10년간 가장 광범위한 지원정책을 집행하고 있는 대표적인 국가이다(ACG. 2010). 따라서 콘텐츠산업과 관련된 창조산업 분야의 정부(공공)부문의 영국의 지원정책 검토는 의미가 있다. 더욱이 유럽의회가 창조산업을 의제로 취급하지 않았던 시점에도 유일하게 영국만이 창조산업을 국가의제로 취급하였다는 점에서도 그러하다(Creative London. 2005).

영국의 공공부문 차원에서의 지원정책은 크게 자금지원 정책과 인력양성(skill set) 및 창업컨설팅 지원으로 구분할 수 있다.[3] 본 절에서는 이 가운데 자금지원에 대한 부분을 살펴보고자 하며, 창조산업에 대한 최근의 논의와 관련하여서는 지적재산권에 대한 논의 및 다양한 자금지원사업에 대한 시너지 및 효율성에 대한 논의가 있기는 하나, 본 절에서는 영국 공공부문의 창조사업 자금지원 현황 및 성과에 주안점을 두고자 한다. 단, 성과는 분석 자료의 부재 및 고객들의 자금지원에

---

[2] funding escalator는 초기자본의 어려움을 겪은 기업은 이차자금 조달시에는 보다 더 큰 어려움을 겪은 현상을 말한다.
[3] 다양한 형태의 지원이 있으나, 형태에 따라 loans and guarantees, equity finance, tax incentive and public grants, non monetary support measures로 구분가능하다 (KEA 2010). 이중 Equity Finance는 아주 제한적으로 사례도 많지 않은 것이 특징이다.

대한 평가에 그치는 성과 측정으로 인하여 실질적인 평가분석에는 어려움이 있어, 동 분야의 경제적 성과 및 성과평가의 필요성 또는 관련 정책논의 중심으로 분석하고자 한다.

나. 창조산업 자금지원

정부 차원의 창조산업 자금 지원은 크게 두 가지로 구분할 수 있다. 간접적인 지원으로 세금감면 인센티브를 통한 혜택과 직접적인 지원으로 중앙정부 및 지역별 공공기관(public body)을 중심으로 한 자금지원으로 구분할 수 있다. 공공부문 중심의 정책자금 이외의 비지니스엔젤(business angels) 등을 통한 창업지원이 있으나, 이중 창조산업은 1/5정도에 불과하다. 그나마도 디지털기술 및 미디어어분야와 관련은 있으나, 비 창조산업 분야로 볼 수 있는 부분이 이중으로 계상된 수치라는 점 등을 감안하면 창조산업 관련 비중은 높다고 할 수 없다. 벤처캐피탈의 경우는 영화산업과는 오랜 지원관계가 있고, TV 부문과 함께 지원이 되어오기는 하였으나 비디오게임과 같은 분야를 제외한 그 외의 분야에서는 지원이 적은 상황이다(IFF Research 2011). 이는 영국만의 현상은 아니며, 유럽 전체적으로 보아도 은행이나 개인 또는 기업의 창조산업 분야에 지원은 거의 이루어지지 않고 있다고 해도 과언은 아니다. 따라서 공공부분의 창조산업 분야 지원을 위한 관여(involvement)는 중요하다는 점을 지적할 수 있다 (KEA 2010). 이러한 의미에서 이하에서는 공공부분의 창조산업 자금지원에 대해 살펴보고자 한다.

영국 중앙정부 차원의 자금지원을 살펴보면, 국내에도 많이 소개된 Enterprise Investment Scheme(이하 EIS), Venture Capital Trusts(이하 VCTs), 최근에 새롭게 주목받고 있는 Seed Enterprise Investment Scheme(이하 SEIS, 신흥사업기초자금투자계획)이 대표적인 영국의 자금지원 정책이라고 하겠다. 이상의 세 가지 자금지원에 대해서는 이미 많은 보고서를 통해 내용이 소개되고 있다. 여기서는 이중에서 콘텐츠산업 및 신규 창조산업 창업에 주안점을 두고 있는 SEIS를 중심으로 최근의 동향에 중점을 두어 살펴보고자 한다.[4]

SEIS와 관련하여, 2011년 12월 재무장관인 George Osborne이 기존의 중소기업지원 계획인 상기의 EIS, VCTs와 함께 창업자 지원 펀드인 SEIS에 대한 새로운 계획을 발표한 바 있다. 동 계획에 따르면 투자자(investor)에게 기존과는 차별적인 새로운 세 가지의 세금감면 혜택이 주어진다는 것이 핵심이다. 첫째는 창업기업에 연간 투자액 £100,000 및 최대 누적투자액 £150,000에 대해 투자액의 50%에 상당하는 소득세 감면(income tax relief)을 해주는 것으로 시장에서는 파격적인 계획으로 평가받고 있다(McKeigue. 2011; Prosser 2012).[5] 그러나 일반적인 경우와 마찬가

---
[4] 이중 VCT 등 펀드의 연내 투자제한액을 기존의 £2m에서 £5m으로 상향하기 위해 European Commission을 압박하고 있다 (Salih. 2012. Apr. 11).
[5] SEIS 지원을 받는 기업에는 물론 제한이 있다. 창업기업은 투자시점기준 25인 이하 최대 £200,000 자산 기업으

지로 투자자가 투자한 회사의 고용되거나, 중요한 이해관계(substantial interest)를 가지는 경우는 소득세 감면 혜택을 받을 수 없다.[6] 세금감면 혜택을 받는 시기는 지원금 관련 목적에 해당하는 비즈니스에 지원된 금액의 70% 이상이 사용된 시점이 된다. 둘째로 관련 주식을 처분하는 경우 양도소득세와 유사한 자본이득세(CGT:Capital Gains Tax) 감면 혜택도 주어진다. 이 경우 보유 주식이 발행된 시점으로부터 3년이 지난 시점에 자본이득세 감면 혜택을 주장할 수 있다. 마지막으로 SEIS에 투자된 금액의 자본 이득세에 대해서도 혜택이 주어진다. 즉 2012년 4월 6일을 기점으로 첫해에 해당하는 2013년 4월 5일까지 첫해에 대해 추가적인 SEIS 투자금에 대한 자본이득세가 면제된다. 파격적으로 평가되는 SEIS는 창업자뿐만 아니라 투자자들에게도 환영을 받을 것으로 예상되고 있다.

SEIS의 또 다른 특징으로 2012년 4월 6일 개시되는 SEIS는 기존의 EIS와는 달리 창업기업에 중점을 두고 지원할 예정이다. 즉, SEIS의 지원적격성(eligibility)은 무엇보다 새로운 기업에 해당해야 한다. 소위 '진정으로 새로운 벤처기업 (genuine new venture)'이어야 한다는 것이다.[7] 예를 들어 사업(business activity)이 이전에 어떤 기업에 의해 실행된 경우라면 그 사업행위를 중심으로 한 지원은 제외된다. 따라서 만일 연구개발이 필요하다면 당연히 지원된 자금을 사용할 수도 있다.

구체적으로 SEIS자금 지원을 받기 위한 조건은 다음과 같다. 투자받은 기업은 SEIS지분이 발행된 시점을 기점으로 2년 이내에 법인화(incorporated)되어 있어야만 한다. 그리고 상기의 진정한 벤처에 해당하는 사업을 '지속적'으로 수행하여야 하며, 다른 기업의 통제를 받으면 안 되며, 파트너십의 구성원이 되어서도 안 된다. 또한 비상장기업으로 남아 있어야 하며, 영국 내에서 지속적으로 사업을 영위하여야 한다. 총 자산 규모와 관련해서는 £200,000을 넘어서도 안 된다. 종업원 규모와 관련해서도 디렉터를 포함하여 고용인이 25명을 넘어서도 안 되며, 당연히 기존의 EIS나 VCTs의 투자를 받은 적도 없어야 함은 물론이다.

영국의 창조산업 관련 자금지원 정책의 특징으로는 지역별로 특화된 창조산업 분야를 정하고 해당 지역의 Regional Development Agency(이하 RDA)와의 연계 하에 다양한 자금 지원이 이루어지고 있다는 점을 들 수 있다. 영국 내 창조산업 프로그램에 지원하는 지역별 기금으로는 Creative Business Accelerator, Northwest Media, Creative Lancashire, Creative Advantage East Midlands, Creative Scotland, Northern Ireland Creative Innovation 등 다양한 지원펀드가 있으며 이중 지역별 대표적인 펀드를 정리하면 아래의 표와 같다(〈표 9〉 참조). 일반적으로 기금은

로 당연히 새로운 비즈니스이어야 한다.
6) 중요한 이해관계란 회사지분이나 회사의 의사결정 투표권(voting power) 또는 자산의 30% 이상을 보유하고 있는 경우를 말한다.
7) 2011년 12월 6일 발행된 Impact Assessment에 정의된 적정기업은 다음과 같다. "smaller, early stage companies carrying on, or preparing to carry on, a new business in a qualifying trade"

ERDF(European Regional Development Fund), RDA, Lottery 기금 등으로 조성되며, 적게는 £10,000부터 많게는 £500,000(예외도 있음) 범위에서 창조산업을 지원하고 있다(SEEDA, 2009).

<표 9> 창조산업 관련 영국 공공부문 지원 펀드

지역	펀드	주요내용
북아일랜드 (Northern Ireland)	Creative Industries Innovation Fund	o NI Arts Council의 지원을 통해 £90m(Northern Ireland Innovation Fund)에 £5m 증액하여 2008년 조성 o 최대 £10k까지 100% 지원 목표하에 현재 75% 지원
스코틀랜드 (Scotland)	Creative Scotland Innovation Fund	o 모태펀드로 이중 £1.5m은 Digital Media IP fund를 통해 디지털양방향미디어(비방송), UGC, 컴퓨터기반 social network, 모바일 미디어 등에 투자 o 이외 Creative Scotland Odd fellows Award 및 Starter for Six start-up creative-grants에 각 £1m 투자 등
웨일즈 (Wales)	Wales Creative IP Fund	o 의회(Welsh Assembly Government)의 지원 하에 £10m 조성 o £50k~£700k사이에서 Film fund와 같은 형태로 운영
웨스트미드랜즈 (West Midlands)	Advantage Creative Fund	o West Midland의 RDA가 지원하는 펀드로 2003년 이래 최장수 벤처캐피탈 펀드 o 81회 지원을 통해 55개 기업에 £5.4m 지원과 영화, 만화, 오케스트라는 물론 소프트웨어, TV, 뉴미디어 분야까지 광범위하게 지원
런던 (London)	Creative Capital Fund	o London Development Agency와 European Regional Development Fund 지원 o AXM Venture Capital Ltd.가 운영하고 £6.5m 조성 o 매칭펀드 형태로 지원하며 보통 £75k 지원으로 현재까지 13회 지원
	Creative Seed Fund London	o University of the Arts London이 조성하고 London Development가 지원 (£50k 규모)
이스트 잉글랜드 (East England)	Low Carbon Digital Content	o £10.3m(이중 £3.6m은 ERDF가 £50k는 EEDA 와 Screen East Film fund)조성 o 저탄소방법을 적용하는 프로듀서, 프로그램개발자, 게임 개발자 등 지원
기타	CAIN Creative Arts Investment network	o 2008년 설립된 Business Angels Network로 영화, TV, 극장, 음악, 생중계분야에 주안점을 두고 지원
	4iP	o 영국전역의 공공서비스 디지털미디어를 촉진하기 위한 펀드로, C4와 공동으로 구축(£20m 지원)
	Scottish Screen Content Production Fund (£1.9m), Screen West Midlands Media & Production Fund (£1.25m), Screen East Content Investment Fund (£2.25m) 등 Screen 관련 펀드	

* SEEDA (2009) 및 ACG(2010)에서 재구성

이중 런던과 웨스트미드랜즈 지역의 펀드를 살펴보면 다음과 같다. 우선 런던의 경우, 런던은 세계적인 도시라는 지역적 장점이 있음에도 창업하기에는 비싼 도시라는 점에서 어려움이 있다. 그러나 1998년 DCMS의 Creative Industries Mapping Document 발행 이후 급속하게 성장하고 있는 것이 사실이다(Foord. 2008). 이중 Greater London지역의 창조산업 분야 창업자를 대상으로 하는 Creative Capital Fund(이하 CCF)는 AXM Venture Capital Ltd.가 운영하고 있으며, 신청기업의 자금지원 적격여부 등을 심사한다. 적격심사 항목은 250인 이하의 직원을 가진 SMEs인지 40m 유로를 넘지 않은 매출규모, 런던소재 여부 등이며, 지원 분야로는 광고(advertising), 건축(architecture), 예술(arts and antiques), Crafts, 디자인, 디자이너 패션, 비디오·영화사진, 컴퓨터게임 및 전자출판, 음악 등(music and the visual and the performing arts), 출판 일반, 라디오 및 TV 분야로 구분하고 있다 (CCF Guidelines 참조). 만일 아직 적격단계에 있지 않다면 Creative London Business Accelerator 프로그램을 통해 지원 자격 자체를 지원하기도 한다 (CCF Brochure).

　이외의 웨스트 미드랜즈 지역의 Advantage Creative Fund(이하 ACF)는 55개 기업에 6m유로를 지원 하고 있으며, 300개의 고용창출과 지원기업의 매출은 29m유로를 기록하고 있다. 대표적인 기업 하나를 소개하면 Mattew Wyon가 있는데 이 기업은 댄스과학연구로 명성을 얻고 있는 기업이다. 이후 ACF의 지원을 통해 발레슈즈(Flyte shoe)를 개발할 수 있었다. 이외에 웨스트 미드랜즈의 버밍험 지역을 기반으로 하는 Creative Advantage Fund(이하 CAF)의 경우는 Birmingham City Council과 West midlands Arts(현재 Art Council 소속)가 2000년 설립하고 TV, 영화, 소프트웨어, 장난감디자인, 보석 등의 사업에 £75,000~£150,000 사이에서 지원을 하고 있다.

다. 창조산업 성과 및 콘텐츠 관련 정책적 논의

　창조산업 분야의 정책성과와 관련하여 가장 많이 언급되는 것은 창조산업 정의 및 분류의 어려움이다. 창의성과 관련된 경제 자체가 우리가 생각하는 것 이상으로 범위가 넓어 범주화가 어려운 것도 사실이며, 전통적인 개념의 '문화'라는 분야와 경제라는 분야가 합쳐져 통칭 창조산업으로 일컬어진다는 점에서도 그러하다는 점이 이유로 지적 된다 (Cunningham. 2008). 창조산업에 대한 EVCA(European Venture Capital Association)는 BVCA(British Private Equity and Venture Capital Association)와 같은 기관은 독립적으로 창조산업 분야를 구분하지는 않는다. 이로 인해 창조산업에 대한 투자성과를 측정하는데 어려움을 야기하고 투자와 기업 간의 일관된 검토를 하기 어려운 점이 있다는 지적되기도 한다(ACG. 2010).

　DCMS의 경우 창조산업은 수행사업의 독창성(origin of the activity)과 부와 고용창출가능성

(potential for wealth and job creation)의 특징을 가지는 것으로 정의한다(DCAL. 2008). 그리고 동 산업의 분야는 디자인 관련 산업 (Design related Industries), 표현산업(Expressive Industries), 미디어정보산업(Media and Information Industries)로 구분하고, 그 아래 13개의 하위 구분을 하고는 있다. 그러나 여전히 범위가 광범위하고 배타적인 구분에는 한계가 있으며, 또한 국가 통계시스템과도 잘 맞지 않는 측면이 있다. 따라서 창조산업의 성과를 측정하는데 여전히 어려움이 있는 것이 사실이다(DCALNI. 2008). 또 하나의 어려움은 SEIS 등과 관련하여 생성된 지 얼마 되지 않은 기금의 성과를 평가하기에는 아직 이르다는 점도 지적되기도 한다(SEEDA. 2009).

그럼에도 SEIS와 관련하여 HM Revenue & Customs(2011)가 제시한 여러 가지 분야에 동 scheme이 미치는 영향력을 제시하고 있는데 이를 살펴보면 다음과 같다. 재정적인 분야에서 2013~14 회계연도에는 £-50m에서, 이후 2015~17 기간에는 각 회계연도에 £-20m 정도의 영향이 있을 것으로 보고 있다. 경제적으로는 특히 SEIS의 세금감면이 기존의 EIS에 비해 보다 파격적인 투자유인으로 작용할 것으로 기대하고, 이에 따라 경제성장에도 크게 기여할 것으로 보고 있다. 그리고 금번 펀드지원을 통해 시장 전체의 경쟁에 영향을 미친다고는 볼 수 없으나, 개인 기업에게는 긍정적인 영향을 줄 것으로 평가하고 있다(HM Revenue & Customs. 2011). 참고로 EIS의 경우 2008~09 회계연도 기준 약 10,000명이 투자를 받았고, VCT의 경우 2010~11 회계연도 기준 6,300명이 지원을 받은 바 있다. SEIS는 막 시작한 단계로 성과를 측정할 수 없는 것이 사실이나 기존의 창조산업 분야 SMEs에 대한 지원이 파격적으로 강화되었다는 점에서 주목할 만하다.

또한 거시적인 경제 통계를 통해 간접적으로 창조산업 지원을 통한 성과가 나타나고 있는 것을 알 수 있다. 창조산업은 이 분야와 관련된 사람들의 창의성과 재능에 중점을 두는 분야라는 점에서 성장가능성이 높은 것이 사실이다. 실제로 1997~2007년 사이의 영국 전체 GVA의 6.3%가 창조산업분야가 차지하고 있는 것으로 조사된 바 있으며, 전체 평균 경제성장률이 3%인데 비해 5%의 높은 성장을 보이고 있다 (Fraser. 2011). 2009년 기준으로 보아도 창조산업 분야는 영국의 GVA의 2.9%를 보였고, 이는 2008년 대비 2.8% 성장한 수치이기도 하다. 고용 측면에서는 1.5m 명으로 전체 고용의 5.1%에 해당한다.

업체수를 기준으로 살펴보면 2011년 기준 IDBR(Inter-Departmental Business Register)상 등록된 기업체 수는 106,700개인데, 이는 전체 등록업체수의 5.1%에 해당한다 (culture.gov.uk 참조). 이를 창조산업 분야별로 살펴보면, GVA 기여 차원에서는 소프트웨어, 컴퓨터게임, 전자출판이 50% 가까이 되며 그 뒤를 이어 음악분야, 비주얼 및 행위예술 분야, 그리고 광고 및 출판의 순을 보이고 있다. 관련한 고용창출분야의 기여도도 이와 유사한 순서를 나타내고 있다 (Burrows et al. 2011).

창조산업 분야는 다른 분야보다 더 자금지원이 요구되는데 첫째, 열정으로 시작되는 사업이라는 점에서 자금이 부족한 것이 일반적이라는 점과 둘째, 새로운 서비스 및 상품에 대한 투자는 실험, 연구, 개발 등을 수용해야 하는 리스크가 존재한다는 점, 셋째, 새로운 시장, 새로운 수요를 발굴해야 하는 등 시장진입에 어려움이 있다는 점, 넷째, 일정규모와 성장국면에 진입하기 위한투자가 필요하다는 점에서 그러하다는 점이 지적된다 (KEA. 2010;The Smith Institute. 2006).[8] 또한 NESTA의 보고서에 따르면 SMEs의 자금조달 비용은 지속적으로 증가하고 있고 대안의 조달 방법으로 이동하고 있지만 조달비용만 증대되고 있는 상황이다. 은행으로부터의 대부 이자의 경우 2009년 4%미만에서 2011년 5월 기준 4.7%로 상승한 바 있다(Davis. 2011). 이러한 자금지원의 중요성에 비추어 볼 때도 영국정부의 자금지원 확대 및 지역개발조직과의 연계를 통한 영국전역에 대한 창조산업에 대한 지원은 어느 나라보다 광범위하고 체계적으로 진행되고 있다. 간접적으로 창조산업과 여타 산업분야의 5년간 생존 비율을 살펴보아도 창조산업 분야가 결코 낮지 않다는 것을 보아도 여러 가지 변수가 있을 수 있지만 지원체계가 어느 정도 안정적으로 운영되고 있다고 하겠다.

<표 10> 산업분야별 생존 비율 (survival rate)

	Year 1	Year 2	Year 3	Year 4	Year 5
창조산업	96.3%	84.1%	69.2%	58.0%	49.7%
여타산업	93.9%	79.4%	64.8%	54.3%	46.9%

* 출처: Burrows, H. et al (2011). *Risky Business*. demos.co.uk .

영국의 주요 은행들이 창조산업을 차별하는 것은 아니나, 일반적인 은행 대부기준이 대부자의 신용도 및 개인적 실적(character), 능력(capability and professional), 자본(capital), 목적 및 대부액 등을 일반 산업분야와 동일하게 적용하는 것도 사실이다. 문제는 창조산업은 일반산업과는 달리 개인적인 능력에 의존하기가 쉽고, 안정적인 대부를 갚기 위한 매출흐름을 증명하기 쉽지 않다는 점이다. 관련하여 은행은 이에 대한 기준을 가지고 있지 않아 실질적으로 일반은행을 통한 자금지원이 어려울 수밖에 없는 것이 현실이다 (Burrow, et al. 2011). 이런 의미에서도 정부 등 공공영역에서의 자금지원이 무엇보다 중요하다. 이상의 중앙정부 차원 지원 및 지역별 자금지원 시스템의 확대를 통해 지난 몇 년 사이에 많은 기금을 통한 지원이 이루어지고 있지만, 여전히 시장에서의 반응은 기금에 대한 접근성이 떨어진다거나, 수요를 충족하기에 여전히 부족하다는 점이 지적되고 있다 (KEA. 2010).

---

8) NESTA의 Chris Powell은 창조산업은 창업자들이 여타의 돈을 벌기 위한 창업과는 다르게 일을 하고자 하기 때문에 경영은 물론 자금조달에도 어려움을 겪기 쉽다는 점을 지적한다.

2. 호주의 콘텐츠 산업에 대한 금융과 재정지원 제도

가. 창조산업 지원 제도 개요

창조산업(creative industries)이라는 용어는 상업적인 문화적 활동과 함께 기술의 발전에 따른 새로운 뉴미디어와의 연관성이 중요하다는 차원에서, 호주에서 맨 처음 사용한데서 기원 한다(Creative London. 2005). 호주에서는 창의성을 국가를 유지하고 정의하는 중심이며, 시민의 상상력을 배양하고, 어린이들과 지역사회의 건강성을 제고하는 중심이라고 본다(Australia 2020 Summit. 2008). 2020년까지 문화적 산출물을 현재(2008년 기준)의 2배로 높인다는 비전하에 창의성(creativity) 및 창조산업에 대해 어느 나라보다 접근 범위가 넓은 것은 물론 폭넓은 정책적 고민을 하는 국가라 할 수 있다.[9]

호주의 창조산업에 대한 지원도 영국과 유사하게 자금지원, 인력배양, 경영지원 등으로 구분할 수 있다. 특히 인력배양에 대해서는 2003 DEST(Department of Education, Science and Training) 보고서에 따르면 호주의 창조산업은 충분한 기업가적 스킬이나 경영관리 경험, 마케팅 및 사업개발 스킬 등이 부족하며, 이를 위해 학제 간 고등 교육의 필요성이 있다고 지적되기도 하는 등 이 부분에 많은 강조점을 두고 있기도 하다(DEST 2003, cited in Matthews 2008). 이는 근자의 자본주의 위기에 대한 대응으로 인재교육을 강조하는 트렌드와 무관하지 않다. 이하에서는 호주의 창조산업 분야 지원 중 자금지원 현황과 지원성과 관련 경제적 성과 및 정책적 논의를 중심으로 살펴보고자 한다.

나. 정책자금 지원

호주의 창조산업과 관련한 정책변화의 가장 큰 특징은 기존의 기술개발 및 R&D 중심의 지원에서 최근에는 정책지원을 통한 산업 진흥에 주안점을 두고 있다는 점이다. 현재 호주의 창조 산업 정책의 핵심은 산업 지원 정책이다(Cuttler & Company. 2008).

2008년 호주의 예술 및 창조산업에 대한 미래비전 논의 회의에서는 창조산업에의 투자를 활성화시키기 위한 다양한 방안이 논의된 바 있다. 동 회의에서는 공적 또는 사적기금을 레버리지하기 위한 펀드의 필요성이 강조되고, 세금혜택을 통한 호주만의 가장 좋은 사례 창출 (world's best

---

[9] 예술(art)이라는 용어에 대해서 논란이 있는 것도 사실이다. 예술은 용어 자체가 가지는 지난한 역사는 물론 다양한 형태의 예술분야는 물론 경험 등을 포괄한다는 점에서 찬성하기도 하고, 혹자는 더 포괄적인 개념으로서 일반적으로 사용되는 창의성(creativity)이 더 바람직하고 예술은 무거운 느낌이 있다는 점을 들어 반대하기도 한다 (Australia 2020 Summit. 2008). 논쟁은 차치하고, 호주의 경우 예술은 창의성과 뉘앙스는 차이가 있을 지 모르나 동의어로 사용해도 무방할 것이다.

practice tax incentives)이 논의되기도 하였다. 또한 새로운 펀드의 설립이 반드시 필요하다는 점에 공감하기도 하였다(Australia 2020 Summit, 2008). 영화 방송분야에 관한 다양한 아이디어 중에는 미국과의 FTA에서 문화부분을 제외해야 한다거나, 행정적인 업무에 10%이상의 비용이 들어가지 않도록 해야 된다든지 또는 이를 위한 법적인 틀 마련, 정부는 성공한 영화에 대한 이후 영화에 대한 재정적 인센티브를 부여, 영화산업에 적용되는 세제 혜택을 컴퓨터게임 산업분야에 부여, 새로운 아이디어가 활성화될 수 있도록 혁신펀드(innovation fund) 설립 등이 제시되기도 하였다(Australia 2020 Summit, 2008).

기존의 정책방향과는 달리 산업진흥에 주안점을 두고, 호주의 창조산업을 위한 지원 강화 논의 등의 배경 하에서 이루어지고 있는 호주정부의 일반적인 혁신(창의)시스템에 대한 지원 프로그램과 미디어 및 콘텐츠 분야와 관련된 기금지원에 대해 살펴보고자 한다. 우선 일반적인 창업지원 시스템은 크게 초기 창업자금 지원, 연구개발, 비즈니스지원 프로그램 등으로 구성되어 있다([그림 1] 참조)

[그림 1] 호주정부의 혁신시스템 지원 프로그램

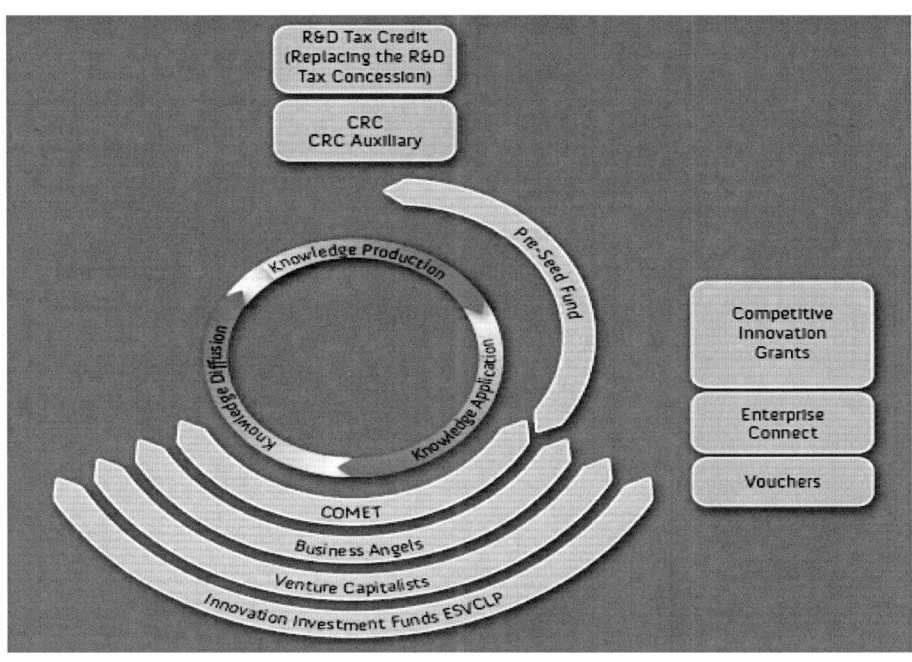

출처: Cutler & Company (2008). *Venturous Australia: building strength in innovation.*

특히 창조산업의 경우 혁신 아이디어의 탐색단계에서 나타나는 funding gap을 메우기 위해 정부의 지원이 강조되고 있다. 우선 지원대상이 되는 기업을 Enterprise Connect에 속해 있는 센터들을 통해 선정하고 이후의 자금지원 프로그램인 Competitive Innovation Grants나 Enterprise Connect의 비즈니스지원 서비스 등을 통해 단기간에 안정적인 성장을 하도록 지원하는 시스템을 마련하고 있다(Cutler & Company. 2008).[10] 자금 지원프로그램은 Tailored Advisory Service의 일환으로 최대 $20,000의 창업 소요비용을 지원하게 된다.

정부의 한 부분인 Enterprise Connect는 2008년 호주의 SMEs를 지원하기 위해 마련한 프로그램으로 주단위로 구성되어 있으며 시드니의 경우 매뉴팩처링센터(Manufacturing Centre)와 창조산업 혁신센터(CIIC: Creative Industries Innovation Centre) 등이 포함되어 있다. 호주정부는 상기의 Enterprise Connect에 $50m 규모를 지원하고 있다. Enterprise Connect가 제공하는 서비스로는 상기에 언급한 비즈니스 검토(Business Review), 맞춤자문서비스(Tailored Advisory Services), 연구지원(Researchers in Business Program), 네트워크 제공(Workshop Industry Intelligence & Networking), 기술지원(Technology and knowledge Connect) 등이 있다(Enterprise Connect. 2009). DIISR(Department of Innovation, Industry, Science and Research and Tertiary Education)로부터 2011년 기준 지난 4년간 $17m을 지원받은 바 있다(Department for Arts. 2011). 지역별 매뉴팩처링센터들의 경우도 무료로 비즈니스 검토(Business Review)를 해주거나, 적정 기업을 선정하여 이후의 지원을 받도록 하는 서비스를 해주기도 한다.[11] 적정 기업 선정기준으로는 Enterprise Connect 프로그램의 목적달성 기여도, 미래의 발전 가능성, 호주 SMEs의 생산성 및 경쟁력 제고 정도, 제공되는 지원금의 효율적, 효과적, 그리고 윤리적인 사용 가능성, 향후의 재정자립도 등이 고려 대상이다(Enterprise Connect. 2008). 지원 서비스의 성격은 대부분 창조산업의 능력배양(competence building)과 연관되어 있다. 이중 맞춤자문서비스는 비즈니스 리뷰를 통해 선정된 기업에게 매칭 펀드 형식의 최대 $20,000을, 연구개발의 경우도 매칭 펀드 형식의 최대 $50,000을 지원하기도 한다.

이외에도 다양한 분야의 펀드 관련 프로그램이 있는데 IIF(Innovation Investment Fund), COMET(Commercializing Emerging Technologies), PSF(Pre-Seed Fund), PDFs(Pooled Development Funds), GCIF(Green Car Innovation Fund) 등이 있다 (DIISR. 2011). 이중 콘텐츠분야와 관련이 있는 COMET, IIF, PSF에 대해서 살펴보기로 한다.

신기술에 대한 지원으로 'Commercialization Australia Initiative'의 일환으로 DIISR이 추진하

---

[10] Enterprise Connect는 호주정부의 Department of Industry, Innovation, Science, Research and Tertiary Education의 속해 있다. 고용과 관련하여서는 Partner Organizations와 협력하고 있다.
[11] Geelong 지역에 있는 Innovative Region Centre의 경우는 Manufacturing Centre와는 달리 개별기업을 상대하지는 않고 주정부, 연구진, 공동체 등과 협력한다는 특징이 있다.

는 COMET 프로그램은 혁신기술을 상업화하고자 하는 기업에게 초기단계 또는 관련 분야 기업에 대한 소위 자금지원이 포함된 맞춤서비스를 제공한다. 2007~2008년 평가에서 동 프로그램은 기업으로부터 우호적인 평가를 받은 바 있다. 비즈니스엔젤과 같은 제3의 그룹으로부터 자금지원을 받을 수 있도록 지원도 하는데, 정부가 지원하는 $1 대비 $6 비율의 자금 지원 성과를 내기도 하였다(Cutler & Company. 2008). 어떤 의미에서는 사적영역과 일정거리를 두고(arm's length) 창조산업을 지원하는 영국의 public body와 유사한 기능을 수행한다고 할 수 있다.[12]

IIF와 PSF는 창조산업 초기 자금 지원에 중점을 두고 있는 프로그램이라 할 수 있다. IIF는 1997년에 설립된 기금으로 신규 벤처기업에 1:2의 비율로 정부와 사적영역이 공동 투자하는 형식을 취하고 있다. 2011년 기준 사적영역으로부터 $283.3m 자금을 모집한 바 있으며, 101개의 기업이 지원을 받은 바 있다(DIISR. 2011). PSF는 공공부문의 연구기관에서 개발한 아이디어의 상업화를 지원하기 위한 펀드로 2001년 5개의 펀드가 설립되었고, 이중 2008년 기준 70%가 지원된 바 있다. 정부지원 $1 대비 $4.30의 사적부문의 자금을 모금한 바 있다. (Cutler & Company. 2008).

창조산업 중 영화 및 미디어부문과 관련하여 살펴보면, Screen Australia를 통해 집행되는 다양한 프로그램이 있는데, 이중 The Online Production Fund, All Media Fund, Convergent Television이 본고와 가장 연관성이 높은 프로그램으로 이들에 대한 살펴보면 다음과 같다.[13] 이외에도 Film Victoria, Screen Queensland, ScreenWest 등의 주 단위 기관들이 유사한 기능을 수행하고 있으며 Screen Australia의 자금지원과 연계하여 보완적인 자금지원을 하기도 한다(Screen Australia. 2010).

우선 대표적인 Screen Australia는 TV, 모바일, 온라인 플랫폼 상에 유통되는 콘텐츠를 중심으로 재정지원을 포함한 다양한 지원을 하고 있다(Screen Australia. 2010). 주요 목표는 Screen Australia Charter of Operation을 통해 정해져 있다. 2009~10년 회계연도 Charter상에 나타난 목표는 호주 콘텐츠의 수요를 증대하고, 보다 상업적으로 자생할 수 있는 영화산업을 진흥하고, 품질, 다양성, 혁신, 그리고 탤런트를 배양하는 것으로 되어 있다. 2010~11년 회계연도에 배정된 제작투자 예산을 보면 총 $60m 규모로, 피처물에 $22-26m을, TV드라마에 $18-20m을, 다큐멘터리에 16.5m을 투자한 바 있다. $2-5m은 혁신적인 스크린 콘텐츠 및 게임분야에 지원되기도 하였다.[14] Screen Australia는 콘텐츠 프로젝트별로 심사를 통해 세금을 환급해주는 'Producer Offset' 프로그

---

[12] COMET 프로그램은 2010-2011년에 종료되었으며, 연간 $15m 정도의 성과(추정)를 낸 바 있음 (Cutler & Company. 2008)

[13] Screen Australia는 2008년 Australian Film Commission(AFC), Film Corporation Australia(FCC), Film Australia Limited(FAL)가 통합되어 설립되었다. 또한 TV부분의 지원도 함께 수행하고 있다(Screen Australia. 2010).

[14] Screen Australia는 독립제작사(independent screen production)에게 기부(grants), 또는 무이자 소급권부 대부(interest-free limited recourse loans) 및 비율에 따른 지분투자(pro rata equity)를 통한 직접 투자를 하는 정부 기구(agency)이다 (Convergence Review Committee. 2012).

램도 시행한다(Convergence Review Committee. 2012). 이러한 세금 혜택을 받으려면 피처필름의 경우 $500,000 이상이거나, TV시리즈의 겨우 $1m 이상의 경우에 해당하여야 한다.[15]

The Online Production Fund는 주로 혁신적인 콘텐츠에 중점을 두고 양방향 또는 linear narrative 콘텐츠에 대한 자금 지원을 한다. 구체적으로는 디지털 유통전략을 사용하는 영화 및 TV물, 양방향 다큐멘터리, 브라우저를 기반으로 하는 양방향 엔터테인먼트, 모바일 및 태블릿 앱 등이 포함된다(Screen Australia. 2011). 호주의 National Cultural Policy상에서도 Core Arts 부문, 문화유산(Cultural heritage)부문과 함께 문화상품의 제작, 유통과 관련된 창조산업분야가 주요한 부문으로 되어 있다(Department for Arts. 2011). 최근의 프로젝트로 iView상의 Rake's Premiere, 온라인 시리즈인 The Nurse, My Place, Dirtgirlworld와 연관된 양방향 어린이 웹사이트, 페이스북 다큐멘터리인 Goa Hippy Tribe 등이 지원되고 있다. 비즈니스 차원에서는 새로운 콘텐츠나 유통과 관련된 콘텐츠 개발 및 시험에 자금지원이 이루어지기도 한다. 특히 동 펀드는 사람들이 적극적으로 토론하고 상호작용하는 사회적인 콘텐츠에 주안점을 두고 있는데, 이는 이러한 콘텐츠를 많이 이용할 것으로 생각되는 젊은 세대들의 중요함을 반영하고 있다 하겠다 (Screen Australia. 2011).

All Media Fund는 2011~12 회계연도에 $3~5m 펀드를 조성하여 양방향 또는 멀티플랫폼 상의 혁신적이고 리스크 있는 스토리텔링 분야를 지원하고 있다. 구체적으로 세 가지 분야에 중점을 두고 지원한다. 즉 저예산 드라마나, 스킬(skill)이나 수용자의 경제적 생존력을 강화하는 등의 혁신 프로그램과 같은 촉발프로그램 (Ignition program)이나, 향후 다른 프로그램들의 기반이 될 수 있는 실험적인 프로그램(Digital Sandpit program)을 지원하다. 따라서 뉴스나 시사프로그램 또는 스포츠, 인포테인먼트 프로그램은 지원받을 수 없다. 이중 촉발프로그램의 경우 한 프로젝트 당 최대 $1m으로 지원규모가 제한되며, 당연히 Screen Australia가 제시하는 조건을 따라야 한다. 새로운 형태의 많은 혁신적인 프로그램에 지원을 확대하기 위해 특수한 상황이 아니라면, 시리즈물의 경우 첫 번째 편에 대해서만 지원을 하는 것을 원칙으로 한다. 또한 All Media는 $30-35m 규모로 호주 드라마, 다큐멘터리 및 어린이 프로그램 지원사업인 'Convergent Television'과 협력하기도 한다 (Screen Australia. 2011; Screen Australia. 2010).

Convergent Television은 TV를 통해 유통되는 고품질의 프로그램 제작사를 지원하며, 포맷은 어른과 어린이 대상 드라마, 그리고 다큐멘터리 분야에 국한하고 있다. 프로젝트 평가 기준으로는 문화적 중요성 강화정도, 타켓 수용자와 연결가능성, 기존 성과 및 해당 주 기관과의 자금 연계

---

[15] 세금 환급 적격업체로 선정되면 소위 적합 제작비용 (QAPE: Qualifying Australian Production Expenditure)에 해당하는 비용의 20-40%를 환급해주며, 이외 location과 post, digital and visual effects(PDV)에 해당하는 세금 감면이 있다. 이상의 환급형태를 보통 Australian Screen Production Incentive라고 부른다 (Convergence Review Committee. 2012).

지원 정도, 다양성 등이 포함된다(Screen Australia. 2010).

다. 정책성과

호주의 경우도 영국과 유사하게 창조산업에 대한 정의와 분류의 어려움을 인정하고 있다. 그럼에도 몇몇 주정부의 분류를 살펴보면 다음과 같다. South Australia Government의 보고서는 미디어분야(audio visual media, digital media 포함), 광고, 시각예술 등 분야(craft 포함), 영화 및 TV 분야, 음악, 출판, 행위예술, 문화유산 분야 등 창조산업을 9개의 범주로 구분한다(South Australia Government. 2005). Queensland Government는 6개의 범주로 구분하는데 음악, 영화·TV·오락 소프트웨어, 행위예술, 저술·출판·프린트 미디어, 광고·그래픽 디자인, 건축·시각 디자인 등이 그것이다(South Australia Government. 2005). 그러나 성과 평가에 대한 실질적인 분석에는 역시 어려움이 있으며, 일반적인 고객의 평가가 대부분이라는 한계를 가진다.

성과측정과 관련하여 호주의 경우도 창조산업 기반의 경제성과 자체를 측정하기 어려운 이유로, 다른 분야의 많은 사람들이 창조산업 분야에 관여되어 있고, 게다가 일부는 잘 드러나지 않는다는 점을 들고 있다. 즉 창조사업의 성격상 많은 자발적 인력이 관련되거나 일부는 보수를 지급받지 않는다는 점도 지적할 수 있다. 어떤 창조산업은 개인적인 취미차원에서 이루어지기도 하고, 더욱이 창조산업 자체가 빠르게 변화하고 있다는 점에서 그러하다는 점이 지적 된다(Center for International Economics. 2009). 이러한 맥락에서 정책지원 펀드의 성과를 평가하는 것 또한 쉬운 일은 아니다.

우선 호주정부가 예술 및 창조산업 분야에 다양한 정책(Initiative)을 통해 호주경제에 미친 성과를 살펴보면 다음과 같다. 우선 호주의 창조산업 분야 업체수는 2007년 기준 107,000개로서 연도별로 크게 증가하고 있지는 않다. 부문별로 살펴보면 광고와 마케팅 분야가 그나마 크게 성장하는 분야로 조사된 바 있다.

<표 11> 창조산업분야 기업체수

(단위: 000)

	2003	2004	2005	2006	2007	평균 성장률(%)
음악 등 (Music and performing arts)	10.9	10.2	9.9	9.8	10.1	-1.8
영화, TV, 라디오 (Film, television & radio)	6.5	6.3	6.3	6.4	6.5	-0.0
광고, 마케팅 (Advertising & marketing)	9.4	9.7	9.9	10.0	10.3	2.3

	2003	2004	2005	2006	2007	평균 성장률 (%)
소프트웨어개발 및 양방향 콘텐츠 (S/W Development & interactive Content)	37.2	36.0	35.5	35.6	37.7	0.4
저술, 출판 등 (Writing, publishing & print media)	3.6	3.7	3.6	3.5	3.7	0.5
건축, 디자인 등 (Architecture, design & visual Arts)	38.3	37.5	37.0	36.7	38.2	-0.1
창조산업 소계	106.0	103.4	102.2	102.1	106.6	0.1
전 산업 총계	1870.1	1911.5	1940.0	1964.9	2011.9	1.8

* 출처: Center for International Economics (2009). *Creative Industries Economic Analysis: final Report.* P. 51.

이러한 의미에서도 새로운 비전이나 아이디어를 상업화하는데 주안점을 두게 된 배경이 된 것으로 판단된다. 일례로 COMET의 경우 5,266건을 상업화한 바 있고 이중 2,807건의 협력사업 및 1,048건의 상품 및 서비스 상업화 성과를 보이고 있다(AusIndustry, 2011).[16]

주정부 및 연방정부의 예술(Arts) 및 창조산업 분야에 대한 자금지원 실적을 살펴보면, 우선 연방정부의 자금지원이 주정부나 지방정부를 포함한 1999~2005년까지의 전체 지원자금의 43%를 차지하고 있는 것으로 나타나고 있다. 주정부는 34%정도의 비율로 일정하게 나타나고, 지방정부는 23%의 수준을 보이고 있다. 이를 예술형태에 따라 살펴보면(2006~2007 회계연도 자료 기준), 우선 영화와 방송의 경우 $1,167m이 지원되었고 역시 연방정부의 비중이 대부분을 차지하고 있다. 문학(literature) 및 출판미디어에 $31.5m이 지원되어 전체 문화부문 펀딩의 0.03%를 나타내고 있다. 행위예술(performing Arts)에는 $132m이 지원되었고 이중 Australian Council이 $11.8m을 무용부문에, $15.2m을 극장부분에 지원한 바 있다. 시각예술(Visual Arts)부분에는 $235m이 지원된 바 있다. 비율로는 영화 및 TV 부분이 57%, 비주얼아트 부분이 17%의 순으로 지원되고 있다(Janet, et al. 2009).

---

[16] 2008년 기준으로는 COMET 프로그램은 프로그램이 시작된 1999년 이래로 2007년 기준 1,350개 기업이 지원을 받았으며, 이들 기업을 통해 자본은 $419.63m 증가하고, 415건의 전략적 제휴가 이루어지고, 140개의 제조분야 프로젝트가 시작되었으며, 277개의 상품 및 서비스가 출시되었다(ACIL Tasman, 2008).

[그림 2] 주정부, 연방정부의 Arts 형태에 따른 펀딩

(단위: m)

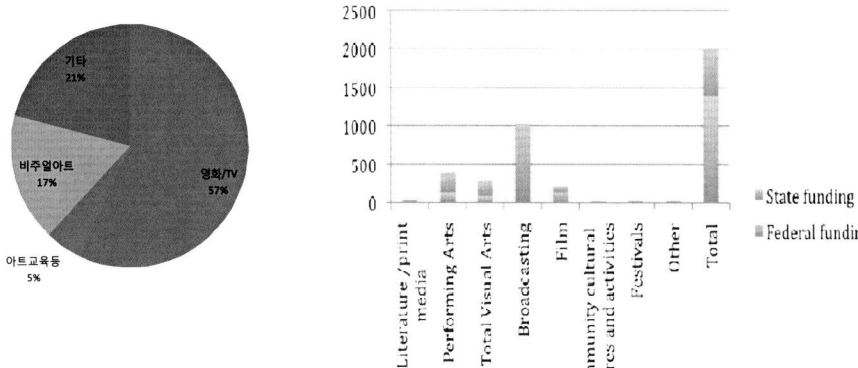

출처: Janet C. & Mary Travers (2009). *Arts Plus: New model New money: Australian Survey.* arts.qld.gov.au[17]

위 그림에서와 같이 전체 정부차원의 지원 중 연방정부의 지원비중이 가장 높으며 분야별로는 방송분야와 영화분야에 대한 연방정부의 지원이 많은 것으로 나타나고 있다. 이외에 행위예술이나 시각예술분야에는 지역별 특성으로 주정부의 지원 비율이 높은 것으로 나타나고 있다.

호주 문화정책 논의 중 가장 큰 특징은 기존의 비전을 실현해야 하는 단계가 되었다고 판단하고, 보다 실질적인 지원정책을 고민하고 있다는 것이다. 이러한 맥락에서 새로운 문화정책을 수립하고 이를 호주 경제의 주요 부문(main stream)으로 자리매김 하고자 노력하고 있다는 점이다. 우선 성과측정이 가능하도록 하고, 사회는 물론 경제 분야에 문화정책이 미치는 영향력을 평가하는데 투자할 계획을 마련한 바도 있다(Department for Arts. 2011).

주정부 차원에서는 창조산업을 위한 제안으로서, 사적기업의 창조산업분야 투자시 세금감면 혜택을 증진하고, 창조산업 관련 기업으로부터 징수형태(levy-based)의 기금모금, 창조산업의 위험성을 감안하여 보다 폭넓은 R&D분야 지원, 기존 기금의 지원 분야의 확대, 창조산업 섹터간의 협력강화 도모(DSTO's Focal lab과 문화관련 기관들과 협력 등) 등이 제시되기도 하였다(South Australia Government. 2005).

이외에 최근에 발표된 'Convergence Review'를 통해 콘텐츠에 대한 대폭적인 규제를 완화하여

---

[17] 분야별 정확한 지원 수치는 본문에서도 제공하고 있지 않음

콘텐츠분야에 대한 경쟁을 촉진하고, 호주의 자체 콘텐츠 제작 증대를 위한 자금지원을 강화하는 정책을 발표하기도 하였다. 주파수 사용대가 등을 활용한 정부의 지원을 포함하여 관련 사업자의 기금 등을 통해 호주에서 제작되는 콘텐츠(Australian Content)지원 활성화를 위해 소위 'uniform content scheme'을 마련하였다. 이를 통해 TV상의 콘텐츠와 유사한 콘텐츠를 제작하는 일정규모 이상의 'Content service enterprise'를 선정하고 이들 기업으로 하여금 호주의 드라마, 다큐멘터리, 어린이 콘텐츠에 수입의 일정비율을 투자하도록 하는 '융합콘텐츠제작펀드(converged content production fund)'를 만들기로 하였다(Convergence Review Committee, 2012).

이상에서와 같이 호주의 창조산업 분야 자금지원은 연방정부, 주정부, 지방정부라는 3개 계층(3-tier)별로 유기적인 연관관계를 가지고, 산업진흥에 중점을 둔 기금 확대 및 세금감면 혜택 증진 등을 도모하고 있으며, 여타 분야에 비해 호주경제의 중심으로 자리매김 되고 있다.

3. 프랑스의 콘텐츠 산업에 대한 금융과 재정지원 제도

가. CNC를 통한 영상산업의 지원

프랑스는 문화부 산하의 공공 행정기관인 국립영화진흥센터(Centre National de la Cinématographie: CNC)가 문화부 장관의 지휘 하에 영화와 각종 예술 분야, 방송·비디오·멀티미디어·게임 등 영상산업 관련 정책을 마련하여 집행하고 있다. CNC의 임무 중 가장 중요한 부분은 영화 및 영상산업에 대한 재정 지원 정책들을 수립하고 집행하는 것이다. 이러한 재정 지원은 영화·영상 산업의 창작, 제작, 배급, 홍보 활동에 도움을 줄 뿐만 아니라, 관련 분야 내의 직업 교육과 기술 발전 등을 위한 목적에서 이루어지고 있다.

CNC는 구체적으로 〈영상프로그램 제작지원기금(Le Compte de soutien à l'industrie des Programmes Audiovisuels: COSIP)〉의 운영, 〈영화·영상산업지원기구(Sociétés de financement de l'industrie cinématogrphique et de l'audiovisuel: SOFICA)〉 운영에의 참여를 통해 영화·영상산업 제작 분야에 대한 지원 활동을 수행하고 있다.

나. 영상프로그램 제작지원 기금(COSIP)

COSIP은 1986년에 만들어진 영상분야 재정 지원 시스템으로, 영상산업 분야의 주요 사업자들에게서 징수한 특별 세금을 통해 조성된 기금이 재정 원천으로 운영되고 있다. 이 기금은 텔레비전 영상물을 제작하는 독립제작사 또는 독립제작자들의 창작 활동 및 제작 활동, 그리고 작품의 홍보 활동에 대한 지원 자금으로 활용된다.

COSIP은 CNC가 운영하고 있는 "영화·영상프로그램산업 지원 기금(Soutien financier de l'industrie cinématographique et de l'industrie des programmes audiovisuelds)"의 일부분으로 TV를 대상으로 한 기금을 지칭한다. CNC는 그 외에도 영화를 위한 지원 기금을 동시에 운영하고 있다. 하지만 이러한 두 가지 매체별 기금의 구분은 현실적으로 큰 의미는 없다. 대다수 영상제작사들은 TV와 영화 분야를 동시에 제작하고 있기 때문이다. 또한 두 기금 모두 영상산업 분야에서 징수된 세금을 통해 조성된다.[18]

○ COSIP의 징수 대상은 크게 비디오 사업자와 방송 사업자임
 - 비디오사업자에 대한 기금 징수 :
· 사적 용도를 위해 생산된 비디오 영상물을 판매하거나 대여하는 상업 활동에 대하여 부과되며, 사업 매출에서 부가가치세를 제외한 수익 총액의 2% 징수
 - 방송 사업자에 대한 기금 징수 :
· 지상파 방송 사업자와 유료방송(케이블·위성방송)사업자, 그리고 2008년 이후로는 방송 프로그램을 편집하여 전송하는 통신매체 서비스 사업자들에게로 징수 대상이 확장됨.
· 지상파 방송 사업자와 케이블·위성방송 사업자에 대한 기금 징수율은 크게 수익 상황에 따른 변동이 있음. 하지만 일반적으로 수익 총액이 1,100만 유로 (약 165억 원)를 넘을 경우 5.5%의 징수율이 적용됨
· (인터넷, 이동통신 등) 통신 서비스를 위한 방송 프로그램 재편성 사업자의 경우, 기금 징수율이 지상파 및 유료방송 사업자들과 동일하게 적용됨
· 통신 매체를 통해 방송 채널 및 프로그램을 직접 전송하는 사업자의 경우, 기금 징수율이 0.5~4.5% 적용됨

COSIP으로부터 재정적 지원을 받는 대상은 픽션물, 애니메이션, 다큐멘터리, 작품 공연 녹화 프로그램, 문화 매거진을 제작하는 독립 제작사들[19]로 한정된다. 이들에 대한 기금 지원은 제작에 대한 지원이 대다수이며, 그 외에 창작 과정, 홍보 및 해외 판매에 대한 지원도 부분적으로 이루어진다. 지원액 분배는 전년도에 해당 제작사의 작품이 텔레비전을 통해 방송된 시간을 계산하여 이에 비례하여 이루어진다.

---

18) 전체 조성 자금 중 64%는 COSIP에게로, 나머지 36%는 영화산업지원자금으로 배분된다.
19) 정보 프로그램(뉴스, 뉴스 매거진 등), 스포츠, 게임, 토크쇼, 리얼리티 쇼, 코미디 쇼 장르의 경우에는 COSIP의 지원을 받을 수 없다.

다. 영화·영상산업지원기구(SOFICA)

SOFICA는 영화와 영상물 제작에 대한 재정적 지원을 위해 만들어진 지원 기구로서, 영화·영상 산업 분야의 사업자나 금융업자들의 주도로 구성된다. 제도적으로 매년 새로운 SOFICA가 투자조합 형태로 결성되고, SOFICA를 통해 제작사에 대한 세제상의 혜택을 부여함으로써 관련 산업들에 대한 민간자본 투자를 유도한다. CNC는 SOFICA의 운영 주체로, CNC가 SOFICA에 참여하는 투자자의 선정 기준을 결정하며 투자자들의 투자 현황을 검토, 관리하는 역할을 담당한다.

SOFICA 자본에 투자한 개인 투자자들은 최소 5년간 주식을 보유한다는 조건으로 최고 18만 유로 한도 내에서 총 소득의 25%까지 세금 공제를 받을 수 있다. 기업의 경우 투자 후 첫해 최고 50%까지 상환 받을 수 있으며, 최소 5년간 주식을 보유할 경우 투자액의 90%를 상환 받을 수 있다.

SOFICA의 투자는 두 가지 방법으로 이루어진다. 첫 번째는 영화 또는 영상물 제작에 대해 직접 현금을 투자하는 방식으로 현재 SOFICA에서 가장 일반적으로 행해지는 지원 방식이다. 두 번째는 영화와 영상물 제작회사의 자본에 출자하는 형태의 투자 지원으로서, 이때의 자본 출자는 SOFICA에 참여하는 투자사의 자본금을 늘려서 제작사에 투자하도록 하거나, 하나의 SOFICA 계열회사 또는 복수의 SOFICA 계열사들이 공동으로 소유하는 별도의 법인을 설립하여 이를 통해 출자하는 방식으로 진행된다.

SOFICA의 투자액은 한 작품 당 총 제작비의 50%를 넘어설 수 없으며, 연간 총 투자액의 80% 이상은 프랑스어로 제작된 영상 작품의 제작에 투자되어야 한다. 프랑스어가 아닌 언어의 작품에도 투자할 수 있으나 이는 유럽연합 소속국과 공동으로 제작되는 작품의 경우에 한정되며, 이 경우 연간 총 투자액의 20%를 초과할 수 없다.

SOFICA의 재정 지원 혜택을 누리는 독립 제작사들은 SOFICA나 SOFICA의 투자자들이 관여하는 시장(영상산업 시장)에서 큰 영향력을 가지는 사업자들 소유의 제작사와 그렇지 않은 대자본에 종속되지 않은 독립 제작사로 구분된다. SOFICA의 투자가 형평성과 공정성의 원리에 맞게 진행되도록 하기 위해서, CNC는 2005년에 SOFICA 투자 관련 강령을 신설한 바 있다. 이 강령은 SOFICA에게 앞서 언급된 두 분류의 제작사 중 후자 즉 독립적 제작사들에게 연간 투자액의 최고 50%까지 투자할 것을 요구하고 있다.

SOFICA의 연도별 투자 자금 규모를 보면 1980년대 후반에는 2천만 유로~5천만 유로였으나, 2000년대 후반에는 5천만 유로를 넘어섰고 2009년에는 6307만 유로를 기록하였다.

[그림 3] 2012년 SOFICA의 출자금 규모

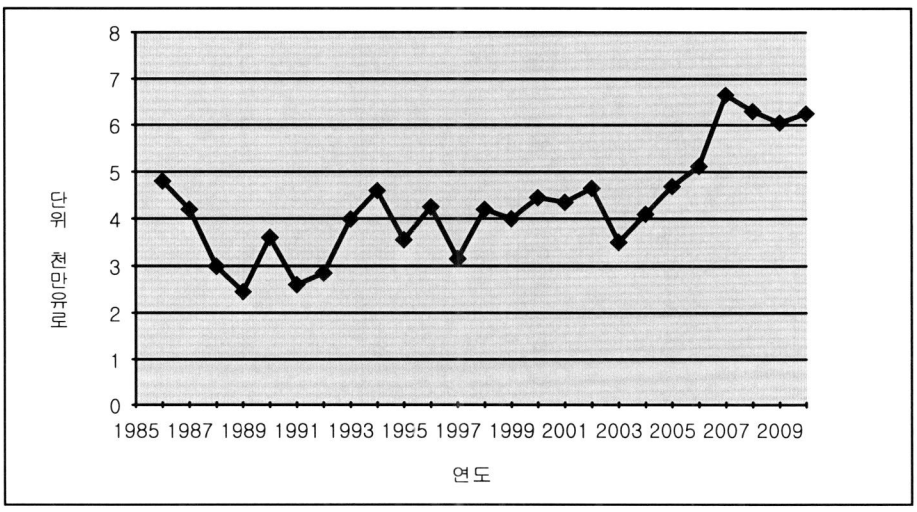

출처 : SOFICA(2011)

SOFICA의 투자조합별 출자금 규모는 250만~740만 유로이고, 대자본에 종속되지 않은 독립제작사에 대한 투자비율은 65%~100%를 차지하고 있다. 이는 역으로 말하면 프랑스의 경우 대자본 독립제작사에도 부분적으로 정책기금을 통한 투자가 이루어지고 있음을 말해주고 있다.

<표 12> SOFICA의 투자조합별 출자금 규모와 독립제작사 투자 비율(2009년 기준)

SOFICA	출자금 규모	대자본 비종속 독립제작사에 대한 투자비율
A PLUS IMAGE 4	4 700 000 €	100 %
B MEDIA EXPORT 2011	4 000 000 €	100 %
B MEDIA KIDS 2011	4 000 000 €	60 %
CINEMAGE 7	9 070 000 €	80 %
COFIMAGE 24	5 000 000 €	62,5 %
COFINOVA 9	6 600 000 €	75 %
HOCHE IMAGES	2 500 000 €	65 %
INDEFILMS	4 000 000 €	75 %
LA BANQUE POSTALE IMAGE 6	7 400 000 €	100 %
MANON 3	4 000 000 €	65 %
PALATINE ETOILE 10	5 700 000 €	65 %
SOFICINEMA 9	6 100 000 €	80 %
합계	63 070 000 €	

출처 : SOFICA(2011)

4. 미국의 콘텐츠 산업에 대한 금융과 재정지원 제도

가. 미국 콘텐츠산업 공공 지원제도 개요

미국 콘텐츠산업의 공공지원 제도는 연방정부에 의한 것과 주정부 차원에서 시행하는 것으로 대별될 수가 있다. 미국의 영상산업은 영화산업을 중심으로 거대자본이 전세계적으로 독점적인 지위를 차지하고 있으므로 연방정부차원의 영상산업지원제도는 낙후지역 지원 및 중소기업 지원의 차원에서 시행되고 있으며, 각 주정부들이 지역발전을 위하여 영화 및 영상물의 제작을 위하여 적극적인 인센티브를 제공하고 있다.

2011년 개선된 세제지원 법안(Section 181)은 지역경제의 부양을 지원하기 위하여 경제적 낙후지역에서 제작되는 영상물에 대한 세금면제 혜택을 담고 있다. 과거법안은 1,500만 달러(약 150억원) 미만의 상대적으로 중소 영화 및 방송제작 비용의 세제 혜택에 중점을 둔 반면, 개정 법안은 영화 및 방송 제작이 경제의 여건이 어려운 낙후되었거나 소득 수준이 낮은 지역에서 해당 지역의 경제발전에 도움을 줄 것으로 기대될 경우에는 신규 시장 확대에 따른 세제혜택 등의 이유로 비용의 즉시 처리 수준을 2천만 달러까지 확대 적용할 수 있게 되었다. 경제여건이 어렵거나 매우 낙후되었고 소득수준이 낮은 지역을 구분하는 기준은 행정구역상으로 대도시지역에 속하지 않고 주변 지역과 비교 평균 소득수준의 80%에 못 미치는 경우를 포함한다.

영상제작물이 본 제도의 혜택을 받기 위해서는 두 가지의 기본 요소를 충족시켜야 한다. 우선, 콘텐츠 제작 전 과정과 관련해서 제작활동이 해당 지역에서 50% 이상 제작기간 동안 발생하되 사전제작이나 편집 등을 제외한 콘텐츠 제작과정 20% 이상, 사전제작이나 편집 등을 제외한 콘텐츠 제작과 관련한 주요 제작과정이 20% 이상 발생하여야 한다. 그리고 영화 및 방송 콘텐츠 제작의 75% 이상이 미국 내에서 발생하는 것을 추가적인 조건으로 한다.

2000년에는 중소규모의 독립영화 제작지원에 대한 연방정부차원의 두 가지 금융지원 프로그램이 발표되었다. 2000년 3월 미국 수출입은행과 AFMA(미국영화마케팅협회)는 100만 달러에서 1500만 달러 사이의 예산으로 제작되는 중소규모 영화들에 대한 영화제작 대출보증프로그램에 대해 발표하였는데, 이 프로그램의 지원을 받기 위해서는 제작비의 50% 이상이 미국에서 쓰일 것이 요구된다. 2000년 12월에는 소규모 독립영화제작자들에게 정부 보증 하에 상업적 대출을 제공하는 SMA(Small Business Administrative) 대출 프로젝트가 발표되었다. 이 프로그램의 목적은 재정적 이유로 다른 나라로 빠져나가는 미국의 저예산 독립영화들을 미국 내에 잡아두는 것이다. 프로그램의 혜택을 받기 위해서는 모든 제작과정이 미국 내에서 진행되어야 하며 배급권의 일부가 선 판매되어야 한다.

<표 13> 미국 낙후지역 영상물 제작지원 프로그램

세제혜택	• 2,000만 달러 (개정 전 1,500만 달러)
세제혜택 조건	신규시장 확대 및 낙후지역 지역경제 발전 여부
낙후지역 기준	주변지역 평균 소득에 80% 이하 지역
세제혜택 제작시 기본요소	• 콘텐츠 제작 전 과정과 관련해서 제작활동이 해당 지역에서 50% 이상 제작기간 동안 발생 • 사전제작이나 편집 등을 제외한 콘텐츠 제작과정 20% 이상, • 영화 및 방송 콘텐츠 제작의 75% 이상 미국 내에서 발생

지방정부 차원의 영상제작물 지원은 세금혜택 외에도 제작비 환급, 융자 및 투자지원 등의 다양한 형태로 나타나는데, 각 주정부들이 영상제작물의 유치에 상호간에 매우 경쟁적인 위치에 놓여 있기 때문이다. 영상제작물의 유치는 일차적으로 지역에서 제작관련비용의 지출을 통하여 지역경제의 활성화에 기여할 뿐만 아니라, 지역의 인력을 고용하는 일자리 창출 효과가 있으며, 영상물의 상영을 통하여 대외적으로 지역이미지를 제고하는 지역마케팅의 효과를 가져 온다.

지방정부의 세금혜택은 세금적립쿠폰(Tax Credits)과 세금 환급(Tax Rebates)의 형태로서 일반적으로 널리 사용되며, 제작비 환급, 융자 및 투자지원 등의 수단은 일부 주정부에서 사용되고 있다. 이하에서는 주정부차원에서의 영상제작물에 대한 금융지원을 제작비 환급 및 투융자 지원을 중심으로 시행되는 주정부들의 사례를 중심으로 살펴보기로 한다.

나. 지방정부차원의 지원제도

지방정부 차원의 지원제도는 세금혜택, 제작비 환급, 금융지원 프로그램으로 나누어 질 수 있다. 지방정부의 세금 혜택, 세금적립쿠폰(Tax Credits)과 세금 환급(Tax Rebates)이 주로 사용되고 있다. 세금적립쿠폰(Tax Credits)은 제작사의 세금 지출을 줄여주는 적립금 방식의 지원제도이다. 즉, 특정 주 또는 지방정부는 세금 적립금을 통해 제작사가 세금 적립 쿠폰을 사용하여, 앞으로 내야 할 인건비 또는 기타 세금을 지불할 수 있다는 점에서, 기 납부된 세금을 현금으로 환불해 주는 세금 환급하고는 다르다고 할 수 있다. 적립된 세금쿠폰(Tax Credits)은 해당 제작사가 사용하지 않을 경우 양도나 브로커를 통한 판매를 할 수 있다.

한편 일부 지방정부에서는 더 나아가 제작비 환급, 융자지원 및 프로젝트 투자를 적극적으로 시행하고 있다. 일반적으로 세금 혜택은 대부분의 지방정부에서 광범하게 사용되고 있으므로 여기에서는 제작비 환급과 금융지원을 동시에 제공하는 주정부들의 사례를 중심으로 살펴보기로 한다.

1) 제작비 환급

(1) 뉴멕시코

뉴멕시코주는 급성장하는 뉴멕시코주의 영화/미디어 산업을 뒷받침할 자격을 갖춘 영화제작 근로자들의 수를 증가시키기 우하여 영화제작 근로자 지원제도(Film Crew Advancement Program/FCAP)를 운영하고 있다. FCAP는 뉴멕시코에서 영상물을 제작하는 제작사에 대하여 영화 업종 조합원의 자격을 갖춘 영화제작 근로자들에게 고용에 대하여 최대한도 1,040시간의 범위 안에서 피용자 임금의 50% 환급을 제공한다. 이것은 OJT 프로그램으로 간주되어 25% 세금 환급도 제공된다.

(2) 미시시피

미시시피 영화 인센티브 제도는 적합한 소비와 급료 지불에 대한 현금환급과 제작 활동을 위한 구매 및 임대 활동에 대하여 부가가치세 감면을 제공한다. 이 제도는 전국적으로 배급된 영화, 티비 프로그램, DVD 다큐멘터리, 단편영화, 광고들에 가능하며 애니메이션과 새로운 기술을 이용하는 생산물도 포함한다. 전국 유통은 연극, 방송, 축제 영화 상영, 스트리밍 비디오 그리고 인터넷 배달을 포함한다.

지원을 받기 위한 프로젝트 최소투자 한도는 5만 달러이며, 프로젝트 단위 지원한도액은 8백만 달러이고, 프로그램의 연간 환급한도는 2천만 달러이다. 제작 일자나 제작비 지출비용의 비율에 대한 최소 조건은 없다.

현금 환급은 투자비용의 25%이며, 투자내용은 다음과 같다(그러나 추가적인 항목을 허용): 하루 일당, 주택수당, 법률비용, 급료, 보험. (1) 미시시피 공급자가 다른 주의 회사로부터 구매 혹은 빌린 장비로부터 발생하는 상품의 임대 혹은 구매 비용, (2) 다른 주의 회사가 미시시피에 지사를 두고 제공하는 경우 Mississippi, Baton Rouge, New Orleans, Memphis, or Mobile 출발이거나 도착인 경우 지역 관광 회사에 낸 항공료 지불금은 프로젝트비용에 포함된다.

제작비 중에서 지역주민을 캐스팅하거나 스탭으로 채용한 경우 30%의 현금 환급이 주어진다. 이때 환급의 기준은 미시시피 소득세 유보에 포함되는 경우로서 해당 프로젝트에서 지불하는 부분을 고려하는데, 그 한도는 1백만 달러이다. (세부적으로는 피용자는 미시시피에 거주하거나 자기 소유의 집을 가지고 6개월 이상 머무르는 사람이어야 한다.) 이 프로그램에서 급여는 월급, 임금, 기타 피용자에게 지불되어 미시시피주의 소득세가 발생하는 경우를 의미한다.

제작비 중에서 비거주자의 캐스팅이나 스탭에 대한 급료로부터 미시시피 소득세 유보에 포함되는 지불이 이루어진 경우에는 25%의 현금 환급이 주어진다. 이때에도 한도는 환급의 기준은경우로서 해당 프로젝트에서 지불하는 부분을 고려하는데, 그 한도는 1백만 달러이다. 급료지불에 대한 계약서와 세금유보에 대한 증빙이 제출되어야 한다. 미시시피주의 소득세 유보는 3~5%이다.

(3) 오레곤[20]

오레곤의 영상제작 인센티브 프로그램은 오레곤에서 생산된 상품과 서비스 구매액의 20퍼센트를 환급한다. 게다가 오레곤은 상품과 서비스에 대한 판매세가 없으므로 7~8퍼센트의 비용절감효과가 즉각 발생한다. 오레곤 제작투자기금(OPIF)은 자격 있는 영화 및 TV 제작에 대하여, 오레곤 상인으로부터 제공된 생산 관련 상품과 서비스 구입의 경우 20% 현금 환급을 그리고 오레곤에서 지불된 임금에 대하여 오레곤 거주민과 비거주민의 구별 없이 10%의 환급을 제공한다. 이 제도의 적용을 받기위해서는 최소한 7만 5천 달러를 오레곤에서 지출해야 한다. 한편 1백만 불 이상의 지출에 대하여 6.2%의 추가적인 환급을 제공하므로 제작비 1백만 불 이상의 영상물에 대해서는 실질적으로 16.2%의 급료 환급이 제공되는 것이다.

(4) 몬태나

몬태나주의 주민들에게 지불된 개런티나 급료의 14%와 몬태나주 내에서의 제작-관련 지출의 9%가 환급된다.

2) 융자제도[21]

(1) 뉴멕시코

뉴멕시코의 영화투자대출 프로그램(Film Investment Loan Program, FILP)의 대출금액은 최소한 5십만 달러 최대 1천5백만 달러이며 제작예산의 100%를 초과하지 않는다. 마케팅 및 유통비용은 제작비용에 고려하지 않는다. 이자율은 고정이자율인데 내셔널프라임레이트에 1.5% 가산 금리로 한다. 상환은 2년을 초과할 수 없다. 기간은 대출이 끝나자마자 시작된다.

보증은 미국 법인 은행에서 최소한 A 등급 이상의 신용도를 지닌 기관의 전액 보증서(full L/C)를 제출하거나 혹은 동일액의 현금 에스크로 계좌의 개설을 요구한다. 보증서는 원금과 발생 이자를 모두 커버하는 수준이어야 하고 최소한 만기일 60일 이후까지 보증을 제공하여야 한다. 서류는 각 대출의 표준약관을 사용한다.

"믿을만한 배급사"의 배급계약서가 제출되어야 한다. 의향서(LOI), 메모, 판매대리인 등은 인정되지 않는다. 배급계약서는 극장만이 아니라 디렉트-투-비디오의 다른 수입원도 포함한다. 이것은 법적 요구 사항이며, 예외는 없다.

---

20) http://www.oregonfilm.org/
21) http://www.nmfilm.com/

스텝들의 최소한 75퍼센트는 뉴맥시코 주민에게 배당되어야 하는데, 스텝들은 국세청의 리스트를 통하여 주민임이 확인되어야 한다. 프로젝트를 위한 1년차 주민도 주민으로 인정된다.

최소한 영화의 85프로는 뉴맥시코에서 찍어야 하며, 투자에 앞서 영화 분과위는 대본을 검토하는데, 과격한 싸움 장면이나 선정적인 장면이나 단어가 포함된 스크립트는 배제된다. 원금이나 이자의 연체가 발생하는 경우 연체이자율은 내셔널 프라임레이트에 6.5% 가산한 금리를 부과한다.

뉴멕시코주는 FILP를 통하여 2003년부터 2011년까지 9년간 24개의 영화에 약 2억 4천 4백만 달러를 융자하였으며 급료환급은 약 6천 5백만 달러, 신규 영화인력 창출은 4,649명의 성과를 기록하였으며, 효과로서 뉴멕시코주에서 지출은 약 2억 4천 5백만 달러 이루어진 것으로 추정되고 있다.

<표 14> 뉴멕시코주 영화 융자 실적과 성과 (2003~2011)

(단위 : US $)

지원영화 편수	대출금	급료환급	영화인력 창출	역내 지출 효과
24	243,741,502	64,969,357	4,649	245,343,714

출처 : Film program Investment Summary, http://www.nmfilm.com/

(2) 대출 지급보증 제도 : 플로리다 필름펀드(Florida Film Fund; 이하 FFF)[22]

플로리다 주정부는 플로리다주 안에서의 영화, TV방송 제작 증대 및 투융자 활성화를 위해 주정부 주도의 펀드인 FFF를 조성하여 영화와 TV 프로젝트에 대한 금융기관의 대출(loan)에 대해 주정부가 지급보증을 제공한다.

지원규모는 작품당 최대 3백만 달러까지 그리고 제작비의 75%까지를 보증한다. 신청시에 내야 하는 500달러는 반환되지 않는다. 신청비를 다소 높게 책정한 것은 아마추어를 배제하고 진정으로 영화의 제작에 관심과 실력이 있는 사람들을 대상으로 보증 신청을 받기 위한 것이다. FFF의 지급보증을 신청하려면 전체 영화제작비의 40%이상을 플로리다주에서 사용하여야 한다. FFF에 신청하는 제작자는 시나리오, 예산, 스케줄, 제작인력(PD, Executive PD, Line PD, 감독 등)에 대한 상세한 정보와 배급회사가 발행한 배급확약서(A Letter of Commitment)를 제출하여야 한다.

신청을 위해서 제작자는 자기부담으로 이미 총 예상 제작비의 최소 25%를 마련했다는 증명서를 제출하여야 한다. 그리고 FFF는 신청한 영화에 대해 완성보증보험사에서 발행한 '완성보증서'를 제출하도록 요구한다.

FFF펀드의 지원을 받는 영화는 추가적인 제작조건을 만족시켜야 한다. 제작인력과 연기자 인력

---

22) 문화관광부(2006), 『문화산업 투자활성화 방안 연구』.

의 75%는 적어도 1년 이상 플로리다주의 주민이었어야 한다. 모든 장비의 75%는 적어도 1년 이상 플로리다주에서 영업을 한 회사에서 구입하여야 한다. 모든 현상소 및 특수효과 관련 비용의 75%는 적어도 1년 이상 플로리다에서 영업을 한 플로리다 시설에서 이루어져야 한다. 전체 영화 장면의 90%는 플로리다주 안에서 촬영되어야 한다.

모든 제작비가 회수되면 FFF는 제작자에게 모든 수입의 85%를 매 분기마다 지급하고 FFF는 해당 작품에 대해 15%의 수익을 영구히 가진다. FFF가 가지는 15% 중 5%는 FFF의 운영 경비로 사용되며, 10%는 향후 지원 기금으로 사용된다.

배급회사는 수익을 직접 은행에 지급한다. 만약 개봉 후 3년 이내에 수익이 실제 융자액에 미달하는 경우, FFF가 은행에 융자금을 대신 상환하고 해당 영화로 인한 모든 수익에 대해서 우선권을 가진다. 이러한 조항은 FFF펀드가 은행의 갭파이낸싱에 대한 지급보증도 제공한다는 것을 의미한다.

5. 싱가포르의 영상산업 금융 지원

가. 싱가포르 문화산업 지원정책 개요[23]

미디어 및 문화산업분야에 대한 싱가포르 정부의 지원은 약 20여년의 역사를 가진다. 1985년 싱가포르는 CSSBU(Creative Services Strategic Business Unit)를 설립하고 이를 후에 Creative Business Program으로 개명하여 싱가포르가 창의적 산업을 위한 중심역할을 할 수 있도록 돕게끔 하였으며, 1991년, EDB는 CSDP(Creative Services Development Plan)를 수리하여 영화/음악, 미디어, 디자인, 예술 및 오락의 네 가지 주요 분야에 초점을 맞추었는데, 주요 전략은 다음과 같은 내용을 포함한다.

① 세계 최상급 틈새시장 공략기업을 유치하여 세계시장에 진출할 수 있도록 지원하고 싱가포르에 매우 필요한 전문성을 가져다주도록 한다.
② 교육비 지원을 통한 역량을 향상한다.

1991년에는 방송 산업의 규제와 진흥을 위한 주요 역할을 하는 SBA(Singapore Broadcasting Authority)를 법정기구로서 설립되었는데, 1994년에 싱가포르 방송법 통과로 방송민영화가 되면서 SBA는 싱가포르를 지역 내 방송 허브로 발전시키는 목표를 추진하고 있다.

2003년 SBA와 FPD(Films and Publications Department), SFC(the Singapore Film Commission)

---

[23] 『Singapore Media Fusion Plan』 (http://www.smf.sg/smfp/index.html) 참조

가 합병되어 MDA(Media Development Authority)가 설립되었으며, 싱가포르의 창의적 경제 성장을 가속화 하는데 목적을 두고 있는 Media 21 계획이 수립되어 추진되었다.

2006년에 미디어 분야가 S$50억 달러의 부가가치를 창출하고 S$195억의 수익을 창출하였으며, 54,700의 인력고용 및 경제적 효과에 기여한 것으로 분석되었다. 1996~2006년 미디어 분야 연평균복합성장율(CAGR; compounded annual growth rate)은 8.0%로서 전체 경제성장율 5.4%보다도 상회하고 있다.

투자진흥전략은 세계적인 미디어 기업을 싱가포르로 유치하고 풍부한 보상을 얻을 수 있도록 한다. 1992년 HBO가 싱가포르에 설립된 이래 싱가포르는 아시아의 방송허브로서 구축되어 왔는데 17개의 전세계 메이저 케이블/위성 방송 네트워크의 아시아 법인 중 15개가 싱가포르에 와 있는 것이다. 원활한 TV 제작 산업과 지리적 이점, 공공서비스 프로그램 및 지역 콘텐츠의 창의에 대한 정부의 강력한 지원도 한 몫하고 있다. 인쇄 및 출판물 산업에 있어서도 안정되고 싱가포르의 교육 및 전문 훈련에 대한 높은 명성에 문을 두드리고 있다. 상위 5개 세계적 출판사 중 네 개의 지역 본사를 싱가포르에 두고 있으며, GPN Asia는 첫 번째 전면적인 디지털 Print on demand 시설을 싱가포르에 구축하고 있다.

이러한 모든 사업 활동을 지원하기 위해 싱가포르는 미디어 생태계의 구축을 강화하는데 투자해 왔으며, 2008년 S$13억 미디어 펀드를 구축(USD1=1.24S$, S$13억=USD 10.5억), 꾸준히 프로젝트와 재원들을 끌어들이고 있다. 미디어 재원 기반은 싱가포르 자국의 재원들을 업그레이드하고 육성하는 노력을 지속적으로 강화하고 있다. 국제적 재원의 투자도 환영하여 세계적 명성의 미디어 학교 New York University Tisch School of the Arts, DigiPen Institute of Technology(컴퓨터 애니메이션 및 프로그래밍)를 유치하는 등의 결실을 거두었다.

2009년부터는 Media 21의 내용을 업데이트한 SMFP(Singapore Media Fusion Plan)를 싱가포르 미디어 산업에 대한 국가 계획으로 수립하여 추진하고 있다. SMFP는 급변하는 미디어 환경하에서 싱가포르의 미디어 분야의 번영을 돕기 위한 범국가적인 비전과 야망. 싱가포르를 진정한 글로벌 미디어 시티로 자리매김하는데 그 목적을 두고 있다.

나. MDA의 자금 지원[24]

싱가포르 미디어개발청(Media Development Authority)의 자금지원은 개발지원/제작지원/마케팅지원/재능지원/신인감독 지원의 다섯 가지로 나누어 이루어지고 있다. 모든 지원은 기본적으로 싱가포르 영주권자 이상에 대하여 이루어지며, 지원업종에 대하여서는 SSIC(the Media

---

24) http://www.mda.gov.sg/Pages/Home.aspx

Singapore Standard Industrial Classification) 코드로 사전에 정해두고 있다.

1) 개발지원 1. Development Assistance

개발지원은 기본적으로 초기 단계 아이디어와 스토리가 콘텐츠화될 수 있도록 지원하는 것이다. 아이디어로 가지고 있는 그것이 스크립트, 게임 디자인, 원고 혹은 스토리보드화될 수 있도록 지원하며, 개작을 위하여 저작권을 획득하는 자금을 지원하기도 한다. 각 장르별로 개발지원을 받을 수 있는 항목 및 지원한도는 〈표 15〉와 같다.

<표 15> 장르별 개발 지원항목 및 지원한도

장르	Development Activities Supported	지원한도 (1S$=912원)
애니메이션	리서치 및 콘셉트 개발 프레젠테이션 바이블/스타일 가이드 트레일러 파일럿 티저	S$150,000
방송	콘셉트/씨즐 릴(sizzle reel) 프로토타입 데모 비디오 (Content 360TV) 파일럿 에피소드 (International TV)	S$70,000
영화	리서치 및 콘셉트 개발 피처 스크립트 숏 필름 피치 패키지	S$40,000
게임	게임디자인 문서/스크립트/스토리보드 플레이어블 프로토타입	S$150,000
인터랙티브 미디어	Research and concept development Prototype content (e.g. storyboard)	S$150,000
음악	Electronic Press Kit (EPK)	S$5,000
출판	리서치 및 콘셉트 개발 원고(책) + eBooks 가편집(잡지) + eMagazines 프로토타입 콘텐츠 (for e/digital)	S$200,000

2) 제작지원

(1) 목적과 지원방법

제작지원의 목적은 싱가포르인들의 재능을 자극하고 싱가포르 지출(Singapore Spend)을 촉진하는 것이다. 싱가포르 지출은 싱가포르 영토 내에서의 지출은 물론이고 거주지에 관계없이 싱가포르인들에 대한 지출을 포함하며, 싱가포르 기업에 대한 서드파티(third-party) 비용을 모두 포함하는 것이다. 단 싱가포르 기업이 공급하는 서비스 및 상품은 실질적으로 싱가포르에서 공급되고 생산된 것이어야 한다. MDA는 싱가포르 내에서 지출되는 총제작비의 40%를 지원하며, 금번 프로젝트 싱가포르 지출의 10%는 차기 프로젝트에 지원이 추가된다.

(2) 장르별 지원 항목

장르별 지원항목은 다음 〈표 16〉과 같다.

〈표 16〉 장르별 제작 지원항목

장르	지원 항목
애니메이션	극장용 혹은 TV 시리즈
방송	프로그램 마스터 테이프 혹은 예고편 완전히 작동하는 웹사이트
영화	최종 필름
게임	플레이 가능한 게임 Fully playable game
인터랙티브 미디어	어플리케이션(온라인/포탈/플랫폼/모바일) 최종제품 (최종 디바이스 등) 콘텐츠
음악	음악 플랫폼 작곡, 편곡(애니메이션/방송/영화/게임/인터랙티브미디어용 포함)
출판	등록된 인쇄출판물 디지털 어플리케이션과 콘텐츠 서비스 혹은 유통 플랫폼

(3) 마케팅 지원

① 마케팅 지원의 목적 : 마케팅지원은 생산된 문화상품이 목표 시청자에게 도달하는 것을 도와주는 것을 목적으로 한다. 마케팅지원은 싱가포르에서 생산된 콘텐츠의 해외소비에 대하여서도 지원한다.
② 지원항목 : 여행(인터내셔널 마켓에 참가하는 비용을 지원하며, 이는 여비, 등록비, 체재비를 포함한다), 마케팅(콘텐츠를 국제적으로 마케팅하는데 소요되는 비용을 지원한다. 이는 요청되는 포맷으로 전환하는 비용을 포함한다. 예로, 국제영화제 참여의 경우 35미리 필름제작비용), 판촉(타겟시장에서 싱가포르 콘텐츠의 소비자 수요를 개발하기 위한 비용을 지불한다)
③ 지원 규모 : 마케팅지원은 기업의 경우는 한 회당 S$$25,000(약 2,300만원)까지, 개인의 경우는 한 회당 S$5,000까지 지원한다.

(4) 재능지원

① 재능 지원의 목적 : 재능지원은 미디어전문가들(프리랜서 포함)이 자신의 재능을 향상시키고 업그레이드시키며 직장에 적합하도록 재교육하는 비용을 지원한다.
② 지원 항목
○ WSQ 트레이닝 프로그램 : CI WSQ(the Creative Industries Workforce Skill Qualifications)는 성인 노동자들을 미디어 분야에 맞도록 훈련하고, 개발하고, 평가하고 교육하는 프로그램이다. 싱가포르인력개발원(WDA)은 평생교육훈련원(CET)과 제휴하여 미디어 코스를 운영하고 있다. WDA는 훈련비용의 70%를 부담하며, 피용자의 경우 시간당 S$4.50 이내에서 시급의 80%까지 고용주에게 지급한다.
○ Non-WSQ 트레이닝 프로그램 : 미디어 분야 고급 전문 기술자들의 경우(e-Book, 3D 등) CI WSQ가 아니라 MDA가 직접 지원한다. 지원 금액은 수강료70%를 연간 S$$15,000의 한도 내에서 지원한다.
○ 재교육 훈련 : MDA는 국내 및 해외 미디어 기업에서의 연수를 3개월에서 12개월까지 지원한다. 초급, 중급, 고급 과정을 모두 지원하며 타 업종에서 업종전환에 대해서도 지원한다. 지원 금액은 수강료70%를 연간 S$$14,000의 한도 내에서 지원한다. 해외 연수의 경우 월 S$2,000을 지원하며 보험료 및 항공비로 S$3,000 한도까지 지원한다. 지원은 고용주를 통하여 접수한다. 프리랜서의 경우도 해외연수의 지원조건은 같다.
○ 장학금 지원 : 창조산업 학부 및 대학원 과정 공부를 위한 장학금 지원은 매년 1월에서 3월 사이에 접수한다.

(5) 신인 감독 지원

신인감독 지원은 신인감독들이 처음 및 두 번째 작품을 만들 수 있도록 비용을 지원하는 것이며, 영화제 출품작, 방송 등 다른 장르에 대한 도전을 지원한다. 이 지원은 예술적 문화적 가치가 있는 작품 및 다큐멘터리, 영화제 출품작, 비 영어 영화제작 등 광범한 영역에 지원된다. 지원자의 기술적, 창의적 필요성에 따라 싱가포르영상위원회(SFC)가 S$250,000의 한도 내에서 제작예산의 100%까지 지원한다. 최소한 40%는 싱가포르 지출이어야 한다. 지원은 싱가포르 기업에 한하며, 감독은 싱가포르 영주권자 이상이어야 한다.

다. 투자 펀드 (International Film Fund, IFF)

2009년 이래 싱가포르는 매년 국제필름펀드(IFF)를 설립하고 있다. IFF의 목적은 싱가포르가 참여하는 영상물에 공동투자하는 것이다. 투자대상의 범위는 애니메이션, 실사 영화, 3D 영화 등

인데, MDA는 S$5백만까지 투자한다. 현재까지 IFF가 투자한 영화는 BAIT, The Harvest, Cooktales의 3편에 이르고 있다. BAIT와 The Harvest는 3D 영화이며, 이중 BAIT는 2012년 중에 개봉 예정이다.

6. 홍콩의 영화지원 기금

가. FSO[25]

필름 서비스과(FSO)는 홍콩영화산업의 발전을 위하여 설립되었다. 1998년 설립되어 홍콩의 영화제작 환경을 개선하고 영화산업을 지원하기 위하여 지속적으로 노력하고 있다. FSO는 홍콩 영화의 제작 및 국내외적인 소비 진작을 통한 영화 산업의 발전을 목적으로 한다.

또한 홍콩영화산업의 발전을 위하여 FSO는 홍콩영화진흥위원회(Hong Kong Film Development Council, FDC)를 지원하고 영화산업의 장기적인 발전을 위한 건강한 금융지원을 수행하기 위하여 영화진흥기금(Film Development Fund, FDF)을 관리하며 홍콩에서 영화 금융 인프라의 발전을 촉진하기 위하여 영화보증펀드(Film Guarantee Fund, FGF)를 관리한다.

나. The Film Development Fund (FDF)

1) 개요

영화발전기금(FDF)은 홍콩 영화산업의 장기발전에 기여하는 프로젝트들을 지원하기 위하여 1999년 정부에 의하여 설립되었다. 2007년 7월에 정부는 $300을 투입하여 중소형 영화제작지원의 임무를 추가하였다. FDF는 홍콩영화진흥위원회(FDC)가 관리한다.

2) 목표

FDF의 목표는 홍콩영화산업의 발전에 기여하는 활동을 지원하는 것이다. 이는 다음을 포함한다; 중소예산 영화의 금융에 대한 부분적 지원, 홍콩영화의 본토 및 해외수출 촉진, 영화 제작 및 배급 인력 양성, 홍콩영화의 지역점유율 제고.

---

25) http://www.fso-createhk.gov.hk/main/about.php

3) 지원 자격

(1) 제작금융

상법에 규정된 바에 따라 등록된 홍콩제작사로서, 프로듀서와 감독은 지원 이전에 최소한 2편 이상의 영화제작 실적이 있어야 한다. 필름프로젝트는 시나리오를 완전하게 구비한 상업영화로서 제작비 HK$15,000,000(한화 약 22억 원) 이하이어야 한다. 지원영화에 대하여 최대 제작비 지원은 35%까지 가능하다. 영화진흥위원회(FDC)의 특별한 의견이 첨부되는 것을 전제로 지원예산은 40% 한도까지 확대될 수 있다. 필름프로젝트는 상업적으로 수익성이 있어야 하며 제3자로부터 나머지 자금을 조달하는 것이 보장되어야 한다.

다음의 영화제작 관련자 중 최소한 세 주체가 홍콩 영주권자 이상이어야 한다. (i) 프로듀서 (ii) 감독 (iii) 시나리오 작가 (iv) 주연배우 (v) 주연 여배우. 또한 영화검열규정(Cap. 392)에 따라 공공장소에서 상연함에 적합하여야 한다.

(2) 다른 영화-관련 프로젝트 금융지원

지원자는 지역법에 의하여 설립된 법인이어야 한다. 프로젝트는 다음의 조건을 만족해야 한다; 홍콩 영화산업의 전반적인 발전에 기여해야 한다, 사적인 이윤보다는 영화산업 전반의 발전에 기여하는 바가 더욱 확고해야 한다, 기본적으로 이윤추구가 주목적이어서는 안 된다.

다. The Film Guarantee Fund (FGF)[26]

1) 설립 목적과 지원 자격

FGF는 지역제작사들이 지역의 대부 금융기관(PLI)으로부터 영화제작 비용을 대출하는 것을 도와주는 것, 그리고 홍콩에서 영화 파이낸싱인프라의 발전에 유리한 환경을 조성하는 것을 목적으로 설립되었다.

FGF는 2003년 4월부터 활동을 시작하였으며, 대출이 상환된 부분에 대해서는 그 한도만큼 증액되는 방식으로 운영된다. 현재 FGF의 최대보증한도는 HK$3천만이다.

지원 자격은 홍콩에 등록된 영화제작사로서 체납된 부채가 없으며 지난 10년 간 최소한 2편 이상의 상업영화 제작 실적이 있어야 한다. 신규 영화사의 경우는 프로듀서 및 감독의 실적으로 대체할 수 있다.

---

[26] http://www.fdc.gov.hk/en/services/services3.htm

각 영화사에 대하여 2개의 프로젝트를 동시에 보증하지 않으며 제작사, 프로듀서, 감독은 동일체로 간주한다. 영화제작사는 대부 금융기관 혹은 완성보증 제공사의 관계사가 될 수 없다.

FGF가 지원하여 제작되는 영화는 영화 출연자 및 제작인력의 50% 이상이 홍콩 영주권자 이상이어야 한다. 주요 영화 출연자 및 제작자의 범주는 i) 감독, ii) 시나리오작가, iii) 주연배우, iv) 주연여배우, v) 조연배우, vi) 조연여배우, vii) 프로듀서, viii) 시네마토그라퍼, ix) 에디터, x) 아트디렉터로 예시할 수 있다. 영화는 홍콩에서 출시되는 극장용 상업영화에 한정한다.

2) 대출 보증의 조건

FGF 대출 보증의 조건은 다음과 같다;
① 제작비 HK$7.5백만 이하인 경우 최소한 30%, 제작비 HK$7.5백만 이상인 경우 최소한 HK$2.25백만을 제작자가 자기자금으로 조달하여야 한다.
② 대부기관의 대출은 제작비 HK$7.5백만 이하인 경우 70%, 제작비 HK$7.5백만 이상인 경우 최소한 HK$5.25백만을 초과할 수 없다.
③ FGF의 보증은 대출금의 50%, 즉 제작비의 35% 혹은 HK$2.625 million을 초과할 수 없다. 대출보증의 완성보증계약이 완료되어 있어야 한다.
④ 영화촬영은 완전히 시작 전이어야 한다.
⑤ 펀드와 대부기관은 대출의 상환을 위하여 영화상영수입의 1차적인 권리권자가 된다. 영화로부터 발생하는 손실은 영화제작의 지분소유자에게 일차적으로 귀속된다.
⑥ 영화제작사는 대출이 모두 상환될 때까지 필름으로부터 현금흐름의 수입과 저작권의 권리를 대출은행에 양도한다. 대출은행이 정부로부터 보증 지급을 요구하는 경우, 대출은행은 위험 분담비율에 따라 정부와 권리를 공유한다.

3) 대출금의 사용

보증을 득한 대출금은 전적으로 영화제작에 사용되어야 한다. 보증을 득한 대출금으로 다른 대출금을 상환할 수 없다.

4) 일반조건

① 보증의 지원은 선착순 원칙(a first-come-first-served basis)으로 취급된다.
② 대출자에게는 영화제작 및 배급에 대하여 자문할 수 있는 리스트가 제공될 수 있다.

③ 이자율은 대출은행과 제작사간의 협의에 의하여 정한다.
④ 사업목표 : 건당 HK$2.625백만의 보증을 11건 이상 동시에 제공하는 것을 목표로 한다.
⑤ FGF는 조건이 구비된 경우 보증을 제공하며, 영화의 내용에는 관여하지 않는다.

7. 해외 사례를 통해 본 시사점

해외사례를 통해 본 시사점은 다음과 같이 요약할 수 있다.

첫째, 창조산업(또는 영상산업)에 대한 정부 또는 공공부분의 관여가 높다는 점이다. 공히 창조산업(또는 영상산업)이 안고 있는 사업적 위험성을 지적하고, 이러한 비즈니스 상 장애를 넘기 위한 창업자의 애로부문 해결에 공공부문의 역할이 불가피하다는 점을 깊이 인식하고 있다는 것이다.

둘째, 다양한 기금을 통한 지원 사업을 전개하는 것은 물론 이의 확장과 지원범위의 확대에 대해 모두 공감하고 있다는 점이다. 이는 시장에서의 창조산업(또는 영상산업)과 관련 신규 비즈니스들이 어느 정도 성과를 보이고 수요가 높다는 방증이기도 하다. 이러한 시장상황에 대응하여 획기적인 기금 확대가 절실함을 지적하고 다양한 창조산업에 지원이 시급함을 인정하고 있다는 점이다.

셋째, 프랑스의 경우 영상산업 지원 기금을 비디오와 방송사업자로부터 부과금을 징수하여 마련하고, 영상투자조합에 투자하는 기업과 개인들에게 세제 혜택을 부여하고 있다.

넷째, 기금 등을 통한 정책지원의 확대와 함께 연구개발, 인력배양 등의 관련 지원 분야와의 시너지가 중요하다는 점을 강조하고 있다는 점이다. 창조산업(또는 영상산업)의 범주구분에 대한 어려움이 있지만 불가능한 것은 아니어서 분류기준을 확립하여 보다 정확한 창조산업(또는 영상산업)분야의 성과를 도출하고, 관련 학계, 기업, 정부 간의 협력모델 및 종합적인 지원틀(framework) 마련을 위해 고민하고 있다는 점을 들 수 있다.

제4장

모태펀드 문화계정 재원 확충방안

제4장 모태펀드 문화계정 재원 확충방안

　모태펀드 문화계정의 재원을 확충하려고 할 때 가능한 재원은 크게 세 가지로 구분할 수 있다. 첫째로, 국고를 출연 받는 것이다. 국고의 경우 모태펀드 문화계정의 효과를 보여주고, 추가재원의 필요성을 가지고 기획재정부를 설득해야 가능하다. 현재 우리나라에는 70개의 기금이 있고, 이중 공공자금관리기금, 국민주택기금, 지역신문발전기금 등 40개 이상의 기금이 일반예산 또는 정부가 마련한 재원을 출연 받고 있다. 모태펀드 문화계정의 경우에도 출자액의 대부분은 국고이고, 최근인 2012년과 2012년에 각각 400억 원씩 국고에서 출자 받았다.

　둘째로 IT와 문화콘텐츠와 관련된 기금으로부터 출연을 받는 것이다. 문화콘텐츠와 관련이 있는 기금으로는 정보통신진흥기금, 방송통신발전기금, 문화예술진흥기금, 영화발전기금, 관광진흥개발기금, 국민체육진흥기금이 있다. 문화콘텐츠와 직접적인 관련이 없지만, 기금의 용도와 지원 대상 기업의 규모 측면에서 검토할 수 있는 기금으로 복권기금과 중소기업창업및진흥기금이 있다. 셋째로, 문화콘텐츠 관련 사업자로부터 부담금을 징수하는 것이다. 모태펀드 문화계정이 주로 콘텐츠 제작자에게 투자를 하고 있고, 이렇게 제작된 콘텐츠를 제작하거나 유통하는 기업들은 이 펀드의 혜택을 직·간접으로 받고 있다. 따라서 이들 사업자로부터 부족한 자금을 충당하는 것은 타당성을 지니고 있다. 방송, 게임, 음악, 애니메이션, 캐릭터 등을 제작하거나 유통하는 사업자를 대상으로 검토한다. 이 장의 아래에서는 두 번째 방안과 세 번째 방안에 대해서 집중적으로 검토한다.

1. 기금으로부터 모태펀드 출연 방안

　모태펀드로의 출연 가능 기금을 선정하기 위해 크게 두 가지 기준을 생각할 수 있다. 첫째는 문화콘텐츠산업과의 관련성이다. 해당 기금의 설치목적이나 용도가 문화콘텐츠산업과 밀접히 관련되어 있거나, 기금 수입이 일정 부분 문화콘텐츠산업의 성과에 근거한다면 '수혜자 비용 부담' 원칙에 따라 모태펀드 출연을 요청할 수 있다. 둘째는 기금 규모와 재정 건전성이다. 문화콘텐츠산업과 직접적으로 관련되더라도 해당 기금의 재원조달 여건이 열악하여 타 기금에 크게 의존하고 있다면 해당 기금 운용에 부담을 주는 모태펀드로의 출연을 요구하기 곤란하다. 이러한 두 가지 기준에 따라 2012년 현재 정부에서 운용 중인 65개 법정 기금 가운데 영화발전기금, 문화예술진흥기금, 관광진흥개발기금, 국민체육진흥기금, 방송통신발전기금, 정보통신진흥기금 6개를 모태펀드 출연이 가능한 기금으로 1차 선정하였다. 지금부터는 각 기금의 특성과 운용현황에 대해 간략히 살펴보고, 모태펀드로서의 출연 가능성과 실행 방안에 대해 논의해보기로 한다.

가. 영화발전기금

1) 기금현황

(1) 개요

영화발전기금은 영화예술의 질적 향상과 한국영화 및 영화·비디오물 산업의 진흥발전을 위해 '영화 및 비디오물의 진흥에 관한 법률'에 근거하여 2007년 설치되었다. 2012년 현재 기금 주무부처는 문화체육관광부이며 기금관리는 영화진흥위원회가 담당하고 있다. 영화발전기금 주요 재원은 정부 출연금과 개인 또는 법인의 기부금품이며, 2007년 7월 1일부터 2014년 12월 31일까지 한시적으로 영화상영관 입장권에서 부과금[27]을 징수하고 있다. 현행법에 나타난 영화발전기금의 용도는 아래와 같다.

- ○ 한국영화의 창작·제작 진흥 관련 지원
- ○ 영상 전문투자조합 출자
- ○ 한국영화의 수출 및 국제교류 지원
- ○ 소형영화·단편영화의 제작 지원
- ○ 영화상영관 시설의 보수·유지 및 개선 지원
- − 영화산업 종사자의 복지향상을 위한 사업 지원
- ○ 영화진흥위원회가 인정하는 영화 관련 단체 및 시민단체의 영화 관련 사업 지원
- − 영화 관련 교육·연수 등과 관련된 사업 지원
- ○ 한국예술영화의 발전과 관련한 사업 지원
- ○ 영상문화의 다양성·공공성 증진과 관련한 사업 지원
- − 영상기술의 개발과 관련된 사업 지원
- ○ 비디오산업의 진흥과 관련한 사업 지원
- ○ 장애인 등 소외계층의 영화향수권 신장을 위한 사업 지원
- − 남북 간 영화교류 활성화를 위한 사업 지원
- ○ 기금의 조성·운용 및 관리에 필요한 경비
- ○ 그 밖에 영화산업 및 비디오산업의 진흥을 위한 사업으로서 영화진흥위원회에서 필요하다고 의결한 사업 지원

---

[27] 영화 및 비디오물의 진흥에 관한 법률 25조 2항에서는 입장권 가액의 5% 이하 범위에서 부과금을 징수할 수 있도록 규정하고 있는데, 실제 시행령에서는 전용상영관을 제외한 일반 영화상영관 입장권 가액의 3%를 징수토록 하고 있다.

(2) 수입과 지출

2012년 영화발전기금 수입 및 지출 규모는 약 2,877억 원이다. 이는 전년(3,084억 원) 대비 약 200억 원 줄어든 결과이지만 2010년(2,842억 원)과 대체로 비슷한 수준이다. 지난 3년간 영화발전기금의 수입 내역을 나타낸 〈표 17〉을 보면, 2012년의 경우 영화진흥위원회 지방 이전에 따른 관유물 매각대금이 큰 비중을 차지하였지만, 대체로 일반회계 전입금 등 정부수입과 영화관 입장권 부담금 수입 등이 중요 재원임을 알 수 있다. 한국 영화산업 진흥이라는 기금 설치목적에 맞게 정부 지원이 꾸준히 이루어지고 있고, 2014년까지 영화관 입장권 부담금이 유지됨에 따라 현재 규모의 기금수입은 향후 2년간 큰 변화 없이 유지되리라 판단할 수 있다.

<표 17> 영화발전기금 수입 내역

(단위: 백만 원)

구분	세부내역	2010년	2011년	2012년
재산수입		16,597	15,167	13,029
	투자조합 출자금 회수	6,890	6,040	3,587
	기타이자수입 및 재산수입	9,707	9,127	9,442
경상이전수입		29,903	32,428	33,141
	영화관입장권 부담금	29,903	32,428	33,141
재화 및 용역판매수입		2,100	2,090	2,175
	각종 사업수입	2,100	2,090	2,175
관유물 매각대		-	-	67,245
	고정자산매각대	-	-	28,288
	토지매각대	-	-	38,957
융자 및 전대차관원금회수		1,088	1,755	-
	융자사업 원금회수	1,088	1,755	-
차입금 및 여유자금 회수		233,088	214,959	128,861
	통화금융기관 예치금 회수	233,088	214,959	128,861
정부 내부 수입		1,425	41,935	41,916
	일반회계 전입금		40,000	40,000
	공공자금관리기금 예탁 이자수입	1,425	1,935	1,916
합계		284,201	308,354	287,742

* 출처 : 연도별 정부 기금운용계획안

한편 영화발전기금의 지난 3년간 지출 내역을 살피면 아래 〈표 18〉과 같다. 콘텐츠산업 육성으로 분류된 실제 사업추진 비용은 2010년 438억 원(15.4%), 2011년 853억 원(27.7%), 2012년 1016억 원(35.3%)로 점차 증가하는 추세를 보인다. 그럼에도 불구하고 영화발전기금으로 실제 사업이 이루어지지 않고 여유자금으로 운용되는 비율은 상당히 높다. 2010년 여유자금 운용액(공공자금관리기금 예탁+통화금융기관 예치)은 2,309억 원으로 전체 지출의 81.3%에 이르렀으며, 2011년 2,138억 원(69.3%), 2012년 1,766억 원(61.4%)으로 차츰 낮아지는 추세이기는 하지만 여전히 높은 비율을 보인다. 따라서 추가 지출을 위한 재정적 여력은 있는 셈이다.

<표 18> 영화발전기금 지출 내역

(단위: 백만 원)

구분	세부내역	2010년	2011년	2012년
콘텐츠산업육성		43,844	85,305	101,579
	영화유통 및 제작지원	27,697	61,827	61,966
	영화산업 기초인프라 강화	16,147	23,478	39,613
기금운영비		9,416	9,283	9,559
	영화발전기금 운영비	9,416	9,283	9,559
기금간 거래		30,000	20,000	-
	공공자금관리기금 예탁	30,000	20,000	-
여유자금 운용		200,941	193,766	176,604
	통화금융기관 예치	200,941	193,766	176,604
합계		284,201	308,354	287,742

* 출처 : 연도별 정부 기금운용계획안

　콘텐츠산업 육성 사업 가운데는 투자 및 출자사업도 일부 이루어져 왔다. 이는 영화진흥법에 '영상전문투자조합 출자'를 영화발전기금의 용도로 명시하고 있기 때문에 가능했다. 실제로 지난 3년간 영화진흥기금에서 출연한 각종 투융자 내역을 보면 아래 〈표 19〉와 같다. 2010년에 150억 원, 2011년에 500억 원, 2012년에 450억 원의 투융자가 이루어졌는데, 영상전문투자조합에 모태펀드 형식으로 출연한 금액이 2010년 110억 원, 2011년 60억 원, 2012년 50억 원에 이른다. 특히 2011년 신규 설치된 글로벌콘텐츠펀드는 매년 400억 원씩 모태펀드에 출자하고 있다. 따라서 영화발전기금에서 모태펀드로 출연한 전례는 풍부한 셈이다.

<표 19> 영화발전기금 투융자 활용 내역

연도	금액	내역
2012	50억 원	영상전문투자조합(모태펀드) 출자
	400억 원	글로벌콘텐츠펀드(모태펀드) 출자
2011	60억 원	영상전문투자조합(모태펀드) 출자
	40억 원	대출지급보증계정 출자
	400억 원	글로벌콘텐츠펀드(모태펀드) 출자
2010	110억 원	영상전문투자조합(모태펀드) 출자
	40억 원	대출지급보증계정 출자

* 출처 : 연도별 정부 기금운용계획안

2) 모태펀드로의 출연가능성 및 실행방안

　영화는 문화콘텐츠산업 핵심 장르 가운데 하나이다. 한국영화의 진흥은 시장보호의 차원을 넘어 사회문화적으로도 큰 가치를 지니고 있으므로 정부 정책의 오랜 관심분야였다. 영화발전기금은 이러한 정책의 산물로서 모태펀드에 자금을 출연하는 것은 매우 타당한 사업이다. 실제로 2011년 모태펀드 문화계정의 분야별 투자현황을 보면 영화가 전체 투자액의 50.6%를 차지할 정도로 비중이 높기 때문에(한국콘텐츠진흥원, 2011, 13쪽), 수혜자 비용 부담 원칙에 따라 보다 많은 자금을 영화발전기금에서 출연할 필요성이 있다.

앞서 살펴본 바와 같이 영화발전기금은 재원수입도 영화관 입장권 부과금 등으로 2014년까지 비교적 안정적으로 유지되고, 실제 사업으로 활용되지 않는 여유자금 비중도 60~80%에 이르러 모태펀드로 추가 지출이 이루어져도 재정적 어려움은 없는 것으로 판단된다. 이미 영화발전기금에서는 모태펀드로 지난 3년간 출연해왔으므로, 해당 금액을 상향조정하는 것으로 모태펀드 재원 고갈을 막는데 이바지 할 수 있다.

나. 문화예술진흥기금

1) 기금현황

(1) 개요

문화예술진흥기금은 문화예술 진흥을 위한 사업이나 활동을 지원하기 위하여 '문화예술진흥법'에 근거하여 1973년에 설치되었다. 2012년 현재 기금운영 주무부처는 문화체육관광부이며 기금관리는 한국문화예술위원회가 담당하고 있다. 문화예술진흥기금의 주요 재원은 정부 출연금과 개인 또는 법인의 기부금품, 기금운용 수익이며, 이와 별도로 대통령령으로 정하는 수입금을 받을 수 있도록 하여 다른 기금으로부터의 전입금을 받을 수 있도록 규정해 놓았다. 이로 인해 실제로 국민체육진흥기금과 복권기금 전입금이 문화예술진흥기금으로 들어오고 있다. 현행 문화예술진흥법에 규정된 문화예술기금의 용도는 아래와 같다.

- 문화예술의 창작과 보급
- 민족전통문화의 보존·계승 및 발전
- 남북 문화예술 교류
- 국제 문화예술 교류
- 문화예술인의 후생복지 증진을 위한 사업
- 지방문화예술진흥기금으로의 출연
- 한국문화예술위원회의 운영에 드는 경비
- 장애인 등 소외계층의 문화예술 창작과 보급
- 공공미술(대중에게 공개된 장소에 미술작품을 설치·전시하는 것) 진흥을 위한 사업
- 도서관의 지원·육성 등 문화예술의 진흥을 목적으로 하는 문화시설의 사업이나 활동

(2) 수입과 지출

2012년 문화예술진흥기금의 수입 및 지출규모는 약 2,666억 원이다. 이는 전년(2,595억 원) 대비 약 70억 원 증가한 결과이지만 2010년(3,605억 원)과 비교하면 낮은 수준이다. 지난 3년간 문화예술진흥기금의 수입 내역을 나타낸 <표 20>을 보면, 2012년의 경우 한국문화예술위원회 지방이전에 따른 관유물 매각대금 308억 원이 일정한 비중을 차지하고 있지만, 대체로 민간출연금(670억 원)과 입장료 수입(611억 원)이 고유한 수입원으로 나타난다. 문화예술진흥기금은 외부 기금 전입금 비중이 상당한데, 복권기금의 경우 지난 3년간 꾸준히 증가하여 2012년 572억 원으로 전체 기금 수입의 21.4%를 차지하였다. 또한 2011년부터 국민체육진흥기금의 일부를 구성하는 경륜경정수입 전입금이 수입대체경비 형태로 유입되기 시작하여 2012년에는 262억 원으로 전체 기금 수입의 약 10%를 차지하였다. 이처럼 문화예술진흥기금은 자체 재원 마련수단이 탄탄한 편은 아니며, 외부 지원에 상당부분 의지하고 있음을 알 수 있다.

<표 20> 문화예술진흥기금 수입 내역

(단위: 백만 원)

구분	세부내역	2010년	2011년	2012년
재산 수입		12,198	10,286	9,977
	건물대여료	379	379	17
	기타 이자수입 및 재산수입	11,819	9,907	9,960
경상이전 수입		6,675	6,490	7,176
	법정부담금	30	30	25
	민간출연금	6,276	5,701	6,701
	기타 경상이전 수입	369	759	450
재화 및 용역판매 수입		6,574	6,577	6,140
	입장료 수입	6,547	6,547	6,107
	기타 잡수입	27	30	33
수입대체경비 수입		-	24,264	26,150
	경륜경정수익 전입금	-	24,264	26,150
관유물 매각대		-	-	30,800
	부동산 매각대	-	-	30,800
융자 및 전대차관원금 회수		334	-	-
	융자원금 회수	334	-	-
차입금 및 여유자금 회수		307,997	157,838	127,690
	통화금융기관 예치금 회수	307,997	157,838	127,690
정부내부수입 및 기타		26,700	54,050	58,758
	복권기금 전입금	23,700	48,000	57,200
	공공자금관리기금 이자수입	3,000	6,050	1,558
합계		360,478	259,505	266,691

* 출처 : 연도별 정부 기금운용계획안

한편 문화예술진흥기금의 지난 3년간 지출 내역을 살피면 아래 <표 21>과 같다. 예술의 진흥 및 생활화, 산업화 프로그램으로 분류된 실제 사업추진 비용은 2010년 864억 원(24.0%), 2011년 1,005억 원(38.7%), 2012년 1,097억 원(41.1%)으로 점차 증가하는 추세를 보였다. 반면 기금으로 실제 사업이 이루어지지 않는 비율은 점차 감소하였다. 2010년 여유자금 운용액(공공자금관리기금 예탁+통화금융기관 예치)은 2,631억 원으로 전체 지출의 73%였으며, 2011년 1,477억 원(56.9%), 2012년 1,314억 원(49.3%)으로 차츰 낮아지는 추세이기는 하지만 여전히 절반 가까운 금액이 실제 사용되지 않고 이자수입을 위해 회전되고 있다. 여유자금 비율만 놓고 본다면 문화예술진흥기금의 추가 지출 여력은 있는 편이지만, 외부기금 수입에 상당히 의지하는 재정구조로 볼 때 해당 기금에서 적극적인 모태펀드 출연을 요구하기 어려운 것으로 판단된다.

<표 21> 문화예술진흥기금 지출 내역

(단위: 백만 원)

구분	세부내역	2010년	2011년	2012년
예술의 진흥 및 생활화, 산업화		86,361	100,520	109,669
	예술가 창조역량 강화	30,977	21,649	19,995
	문화예술공간 운영	2,250	2,365	1,822
	생활 속 예술 활성화	23,700	48,000	57,200
	지역문화예술 진흥	21,700	20,250	20,250
	예술의 사회적 가치 제고	7,734	8,256	10,402
기금간 거래		100,150	20,117	-
	공공자금관리기금 예탁	100,000	20,000	-
	복권기금 반환금	150	117	-
기금운영비		10,859	11,178	25,587
	문화예술진흥기금 운영비	10,859	11,178	25,587
여유자금 운용		163,108	127,690	131,435
	통화금융기관 예치	163,108	127,690	131,435
합계		360,478	259,505	266,691

* 출처 : 연도별 정부 기금운용계획안

2) 모태펀드로의 출연가능성 및 실행방안

문화예술진흥기금은 목적이나 용도에 나타난 바와 같이 순수예술과 전통문화를 계승하고 보존하기 위한 사업을 위해 주로 사용된다. 그리고 이러한 문화예술분야는 문화콘텐츠산업의 기반영역에 해당하기 때문에 사업간 연관성은 상당히 높은 편이다. 특히 "국가와 지방자치단체는 문화예술진흥을 위하여 문화산업의 육성시책과 융자의 알선, 기술 도입과 보급에 관한 지원 등 그 밖에 필요한 조치를 강구하여야 한다"는 문화산업 육성지원 조항(14조)이 문화예술진흥법에 수록되어 있기 때문에, 문화예술 진흥 차원에서 문화콘텐츠산업에 일정부분 재원을 지출하는 것 자체가 법 정신에 근본적으로 위배되지는 않는다.

다만 앞서 살펴본 바와 같이 문화예술진흥기금은 복권기금 등 외부 재원에 상당부분 의지하고 있을 뿐만 아니라 순수 문화예술진흥을 위한 유일한 재정기반이므로, 해당 기금에서 모태펀드 문화계정으로의 출연을 요구하기에는 현실적인 어려움이 있다. 또한 현행 문화예술진흥기금 용도에 문화산업이나 문화콘텐츠산업과 관련된 명시적인 규정이 없기 때문에 법안 개정을 필요로 한다.

다. 관광진흥개발기금

1) 기금현황

(1) 개요

관광진흥개발기금은 관광사업을 효율적으로 발전시키고 관광을 통한 외화 수입의 증대에 이바지하기 위해 '관광진흥개발기금법'에 근거하여 1972년 설치되었다. 2012년 현재 문화체육관광부가 기금 주무부처인 동시에 관리주체이기도 하다. 관광진흥개발기금의 주요 재원은 정부출연금과 관광진흥법에 따른 납부금 및 출국납부금이다. 관광진흥법 30조는 카지노사업자 총매출액의 10% 내에서 관광진흥개발기금을 납부토록 하고 있으며[28], 국내 공항이나 항만을 통해 출국하는 자는 1만원 범위 내의 금액[29]을 기금으로 내도록 규정하고 있다. 현행법에 나타난 관광진흥개발기금의 용도는 아래와 같다.

〈대여〉
- ○ 호텔을 비롯한 각종 관광시설의 건설 또는 개수(改修)
- ○ 관광을 위한 교통수단의 확보 또는 개수
- ○ 관광사업의 발전을 위한 기반시설의 건설 또는 개수
- ○ 관광지·관광단지 및 관광특구에서의 관광 편의시설의 건설 또는 개수

〈대여 또는 보조〉
- ○ 국외 여행자의 건전한 관광을 위한 교육 및 관광정보의 제공사업
- ○ 국내외 관광안내체계의 개선 및 관광홍보사업
- ○ 관광사업 종사자 및 관계자에 대한 교육훈련사업

---

[28] 관광진흥법 제30조제4항에 따른 관광진흥개발기금 납부금(이하 "납부금"이라 한다)의 징수비율은 다음 각 호의 어느 하나와 같다.
  1. 연간 총매출액이 10억원 이하인 경우 : **총매출액의 100분의 1**
  2. 연간 총매출액이 10억원 초과 100억원 이하인 경우 : 1천만원+총매출액 중 10억원을 초과하는 금액의 100분의 5
  3. 연간 총매출액이 100억원을 초과하는 경우 : 4억6천만원+총매출액 중 100억원을 초과하는 금액의 100분의 10
[29] 2008년부터 항공기 1만원, 선박 1000원 부과

- ○ 국민관광 진흥사업 및 외래관광객 유치 지원 사업
- ○ 관광상품 개발 및 지원사업
- ○ 관광지·관광단지 및 관광특구에서의 공공 편익시설 설치사업
- ○ 국제회의의 유치 및 개최사업
- ○ 장애인 등 소외계층에 대한 국민관광 복지사업
- ○ 전통관광자원 개발 및 지원사업
- ○ 그 밖에 관광사업의 발전을 위하여 필요한 것으로서 대통령령으로 정하는 사업

〈사업 또는 투자조합 출자〉
- ○ 관광지 및 관광단지의 조성사업
- ○ 국제회의시설의 건립 및 확충 사업
- ○ 관광사업에 투자하는 것을 목적으로 하는 투자조합
- ○ 그 밖에 관광사업의 발전을 위하여 필요한 것으로서 대통령령으로 정하는 사업

(2) 수입과 지출

2012년 관광진흥개발기금 수입 및 지출 규모는 약 7,150억 원 수준이다. 이는 전년(6,430억 원) 대비 약 700억 원 증가한 결과이고 2010년(6,757억 원)과 비교해도 약 400억 원 증가한 수준이다. 지난 3년간 관광진흥개발기금의 수입 내역을 나타낸 〈표 22〉를 보면, 2012년의 경우 출국납부금(1,799억 원)과 카지노납부금(2,366억 원) 등의 법정부담금이 전체 수입의 약 58%를 차지하여 기금의 중요 재원임을 알 수 있다. 이러한 법정 부담금은 규모나 비중 면에서 향후 꾸준히 지속될 가능성이 높으므로 관광진흥개발기금의 수입 규모 또한 현 수준을 유지하리라 판단된다.

<표 22> 관광진흥개발기금 수입 내역

(단위: 백만 원)

구분	세부내역	2010년	2011년	2012년
융자금 회수		169,510	189,306	209,973
법정부담금		342,000	351,600	414,529
	출국납부금	171,700	145,000	179,900
	카지노납부금	170,300	206,600	236,600
이자수입		49,300	39,400	38,900
기타 경상이전수입		8,000	5,100	7,000
정부내부수입		3,070	4,400	4,050
	공공자금기금예탁 이자수입	3,070	4,400	4,050
여유자금 회수		103,843	53,186	40,530
	통화금융기관 예치금 회수	103,843	53,186	40,530
합계		675,681	642,983	715,031

* 출처 : 연도별 문화체육관광부 예산·기금운용계획 개요

한편 관광진흥개발기금의 지난 3년간 지출 내역을 살피면 아래 <표 23>과 같다. 관광진흥기반 확충, 관광산업 육성, 외래관광객 유치 등 지출사업 추진 비용은 2010년 3,376억 원(50.0%), 2011년 3,288억 원(51.1%), 2012년 3,570억 원(49.9%)으로 전체 지출액의 절반 수준에서 유지되고 있다. 실제 사업으로 투입되지 않는 자산 비율 또한 지난 3년간 일정하게 유지되었다. 2010년 여유자금 운용액(공공자금관리기금 예탁+통화금융기관 예치)은 1,087억 원으로 전체 지출의 16.1%였으며, 2011년 1,005억 원(15.6%), 2012년 1,113억 원(15.6%)으로 금액 규모는 크지만 전체 지출액에서 차지하는 비율은 크게 높지 않다. 하지만 관광진흥개발기금은 매년 1,000억 원 내외의 여유자금을 보유하고 있으므로 추가 지출을 위한 재정적 여유는 충분하다고 판단된다.

<표 23> 관광진흥개발기금 지출 내역

(단위: 백만 원)

구분	세부내역	2010년	2011년	2012년
관광진흥기반 확충		63,996	63,504	65,827
관광산업 육성		84,981	78,784	105,096
외래관광객 유치		188,618	186,464	186,061
관광산업기금융자		213,642	213,129	246,173
기금운영비		546	572	590
기금간 거래	공공자금관리기금 예탁	50,000	60,000	60,000
여유자금 운용	통화금융기관 예치	58,696	40,530	51,284
합계		675,681	642,983	715,031

* 출처 : 연도별 정부 기금운용계획안

관광진흥개발기금 사업 가운데는 관광산업기금 융자도 꾸준히 이루어져 왔다. 실제로 지난 3년간 관광진흥개발기금 융자액은 2010년에 2,136억 원(31.6%), 2011년에 2,131억 원(33.1%), 2012년에 2,462억 원(34.4%) 수준으로 규모나 비율 면에서 상당한 수준이었다. 이는 관광진흥개발기금법에서 관광시설의 건설이나 개수 등을 위해 기금의 일부를 대여할 수 있도록 규정하고 있기 때문이다. 이처럼 관광진흥개발기금은 실제 경상지출이 아닌 융자 사업에도 적극 활용되고 있다.

2) 모태펀드로의 출연가능성 및 실행방안

관광진흥개발기금은 설치목적은 관광산업의 효율적 발전을 통한 외화수입 증대이다. <아래 표 24>에 나타난 바와 같이 외래관광객의 입국은 꾸준히 증가하는 추세이며, 내국인의 해외관광도 2008년과 2009년 외환위기로 잠시 주춤했지만 최근 평년수준을 회복하여 다시금 증가하는 양상을 보인다. 해외 관광객이 많이 찾아오면 국내 숙박업 및 카지노와 같은 유흥시설 매출이 높아지므로 관광진흥개발기금의 재원이 풍성해진다. 더불어 내국인이 해외관광 증가도 출국납부금 수입을 높여 기금 확충에 도움을 준다.

<표 24> 연도별 주요 관광통계

(단위: 천명, %, US$백만)

연도	외래객 입국		국민 해외관광객		관광수입		관광지출		관광수지
	인원수	증감	인원수	증감	관광수입	증감	관광지출	증감	
2007	6,448	4.8	13,324	14.8	6,093.5	5.8	16,950.0	18.2	-10,856
2008	6,890	6.9	11,996	-10.0	9,719.1	59.5	14,580.7	-14.0	-4,861
2009	7,818	13.4	9,494	-20.9	9,782.4	0.7	11,040.4	-24.3	-1,258
2010	8,798	12.5	12,488	31.5	10,321.4	5.5	14,291.5	29.4	-3,970
2011	9,795	11.3	12,694	1.6	12,247.7	18.7	14,992.1	4.9	-2,744

* 출처 : 한국관광공사 『한국관광통계』

외국관광객의 증가는 일정부분 '한류'를 토대로 한 우리 문화콘텐츠의 효과로 볼 수 있다. 실제로 한국을 찾은 외국인을 대상으로 설문조사를 실시한 결과 전체 응답자의 10.1%가 촬영지 방문이나 한류스타 팬미팅 참가를 주요 방문목적으로 응답했다(<표 25> 참조). 이러한 경향은 드라마나 K-POP 같은 한류 콘텐츠의 인기가 높은 국가일수록 더욱 두드러지게 나타나, 대만 15.7%, 일본 12.8%, 태국 12.0%에 이르렀다. 뿐만 아니라 전체적으로 상위 응답률을 보인 쇼핑(59.8%)과 음식/미식탐방(40.2%), 패션/유행(15.0%) 등의 방문 목적도 사실은 한류 드라마나 스타의 영향을 상당부분 받은 것으로 보아야 한다. 즉, 우리 문화콘텐츠의 우수성이 해외에 알려지고, 이로 인해 한국을 찾는 관광객이 증가함으로써 관광산업 매출액이 증가하고, 결국은 관광진흥개발기금 재원확충에도 도움을 주게 되는 셈이다.

<표 25> 한국방문 선택시 고려요인

(중복응답, 단위:%)

구분	사례수(명)	쇼핑	음식/미식탐방	가까운거리	자연풍경	경제적여행비용	역사/문화유적	휴양/휴식	패션/유행	유흥/놀이시설	촬영지 방문, 한류스타 미팅
전체	6,155	59.8	40.2	30.1	25.6	25.4	21.8	16.6	15.0	12.5	10.1
일본	2,859	62.3	56.1	47.6	6.3	34.5	15.0	9.8	4.6	14.2	12.8
중국	1,427	65.0	24.1	14.0	45.7	14.5	22.6	24.5	30.7	10.5	6.1
홍콩	277	71.2	35.4	12.0	39.7	25.7	16.2	16.1	18.7	17.8	4.7
싱가포르	114	59.2	27.6	8.0	42.5	8.2	25.8	33.1	15.3	10.7	10.8
대만	487	65.9	31.1	18.6	31.5	31.7	17.9	8.7	34.0	14.5	15.7
태국	285	62.2	18.6	12.0	53.2	9.0	29.7	24.6	19.4	7.2	12.0
말레이시아	106	49.1	19.4	7.4	51.6	8.6	32.1	32.8	19.5	5.9	11.5

* 출처 : 문화체육관광부(2011). 『2010 외래관광객 실태조사보고서』, 87쪽 일부 발췌

이처럼 관광산업은 문화콘텐츠산업과 관련성이 매우 높다. 한류로 대표되는 문화콘텐츠산업의 해외유통 성과가 커질수록 외래 관광객 유입 증가 등으로 우리 관광산업이 발전하고, 그만큼 관광진흥개발기금의 수입도 증가하게 된다. 따라서 문화콘텐츠의 수혜를 통해 얻어진 관광진흥개발기금의 일부를 문화콘텐츠산업 활성화를 위해 사용하는 것은 '관광산업의 효율적 발전과 외화수입의 증대'라는 기금 설치 목적이나 수혜자 비용부담 원칙에 비추어서도 매우 타당한 사업이라 판단할 수 있다. 관광진흥개발기금에서 출연된 자금은 '한류콘텐츠의 창작과 해외 유통'으로 용도를 명시해 놓으면 자금 출연의 정당성 또한 확보된다.

따라서 우리 문화콘텐츠의 해외 유통과 외래 관광객 유입 및 관광산업 매출 증대 간의 선순환 구조가 계속될 수 있도록 관광진흥개발기금에서 모태펀드 문화계정으로의 출연을 요구할 수 있다. 앞서 살펴본 바와 같이 관광진흥개발기금의 재원 구조가 상당히 튼튼하고 여유자금도 비교적 풍부하며 각종 융자사업에도 많이 활용된 전례가 있기 때문에, 문화체육관광부 내부의 조율과 법·시행령 개정 등 필요한 법리적 조치를 취한 후에 한류 콘텐츠 창작과 해외 유통을 목적으로 모태펀드로의 출연을 요청할 수 있을 것이다.

라. 국민체육진흥기금

1) 기금현황

(1) 개요

국민체육진흥기금은 체육 진흥에 필요한 시설비용이나 경비를 지원하기 위해 '국민체육진흥법'에 근거하여 1972년에 설치되었으나 오늘날과 같은 형태로 운용이 개시된 것은 서울올림픽 개최 이듬해인 1989년부터이다. 2012년 현재 기금 주무부처는 문화체육관광부이며, 기금관리는 서울올림픽기념국민체육진흥공단(이하 국민체육진흥공단)이 담당한다. 국민체육진흥기금의 주요 재원으로는 정부출연금과 기금운용 수익금 이외에 골프장 부가금, 복권기금 전입금 등이 있다. 실제로 국민체육진흥법 23조는 회원제 골프장 입장료의 10% 이내에서 부가금 징수가 가능하도록 규정하고 있으며, 24조~32조에 체육진흥투표권의 발행에 관한 근거를 두고 있다. 현행법에 나타난 국민체육진흥기금의 용도는 아래와 같다.

- 국민체육 진흥을 위한 연구·개발 및 그 보급 사업
- 국민체육시설 확충을 위한 지원사업
- 선수와 체육지도자 양성을 위한 사업
- 선수·체육지도자 및 체육인의 복지 향상을 위한 사업

- ○ 광고나 그 밖에 기금 조성을 위한 사업
- ○ 올림픽대회 등 입상자 생활 보조금의 지원
- ○ 체육 용구 생산업체 및 시설 자금 융자
- ○ 제24회 서울올림픽대회와 제8회 서울장애인올림픽대회를 기념하기 위한 사업
- ○ 학교 운동경기부 육성을 위한 사업
- ○ 대한체육회, 대한장애인체육회, 한국도핑방지위원회, 생활체육 관련 체육단체와 체육 과학 연구 기관의 운영·지원
- ○ 저소득층의 체육 활동 지원
- ○ 그 밖에 체육 진흥을 위한 사업으로서 대통령령으로 정하는 사업

뿐만 아니라 국민체육진흥기금은 국민체육 진흥, 청소년 육성 또는 기금 조성을 위하여 기금의 일부나 기금관리기관의 시설·물품, 그 밖의 재산의 일부를 다른 기금이나 사업 등에 출연하거나 출자할 수 있도록 되어 있다. 구체적으로 아래와 같은 분야에 출연하거나 출자가 가능하다.

- ○ 청소년육성기금
- ○ 경기단체의 기본 재산
- ○ 경륜·경정 사업과 종합유선방송사업
- ○ 국민체육진흥공단의 체육시설 설치·관리·운영

한편 체육진흥투표권 발행에 따른 수익금은 국민체육진흥공단으로 이관되어 각종 사업시행에 활동되는데 법 규정에는 아래와 같은 분야를 지원토록 되어 있다.

- ○ 체육·문화예술 분야의 인재 육성 및 전문 인력 양성과 이에 따른 시설 및 장비의 지원
- ○ 비인기 운동종목 지원 및 문화예술 취약 분야 육성 사업
- ○ 학교운동부 지원·육성 등 학교 체육의 활성화를 위한 사업
- ○ 그 밖에 체육·문화예술 진흥을 위하여 특별히 지원이 필요한 사업

(2) 수입과 지출

2012년 국민체육진흥기금 수입 및 지출 규모는 약 9,482억 원 수준이다. 이는 2010년(8,378억 원)이나 2011년(8,425억 원) 대비 1,000억 원 증가한 금액이다. 지난 3년간 국민체육진흥기금의 수입 내역을 나타낸 〈표 26〉을 보면, 2012년의 경우 경륜·경정 전입금(538억 원)과 투표권 전입금(4,585억 원) 등의 전입금 수익이 5,124억 원으로 전체 수입의 약 54%를 차지할 정도로 비중이

높다. 아울러 골프장 부가금에 따른 법정수익금도 2012년 452억 원에 이르고 복권기금 전입금도 413억 원으로 상당히 많은 편이다. 이들 전입금이나 법정 수익금은 최근 3년간 꾸준히 증가해 왔으며, 앞으로도 이들 수익금의 규모나 비중은 지속될 것이므로 국민체육진흥기금의 수입 규모 또한 현 수준을 유지하거나 점차 증가할 것으로 판단할 수 있다.

<표 26> 국민체육진흥기금 수입 내역

(단위: 백만 원)

구분	세부내역	2010년	2011년	2012년
융자금 회수		7,086	11,020	11,233
융자이자 수익		8,200	4,800	4,700
예치금 이자수입		16,600	17,700	10,300
법정부담금(골프장)		20,400	20,600	45,200
기금정산금		-	2,400	3,500
투자사업수익		16,300	15,000	14,200
연구원운영수익		1,500	4,300	7,600
전입금 수익		425,900	478,200	512,400
	경륜·경정 전입금	32,200	41,300	53,800
	투표권 전입금	393,700	436,900	458,500
정부내부수입		64,588	57,889	177,062
	복권기금전입금	26,000	37,500	41,300
	공공자금기금예탁 원금회수	20,000	-	116,000
	공공자금기금예탁 이자수입	18,600	20,400	19,800
여유자금 회수		277,268	230,612	162,020
	통화금융기관 예치금 회수	277,268	230,612	162,020
합계		837,799	842,524	948,203

* 출처 : 연도별 문화체육관광부 예산·기금운용계획 개요

한편 국민체육진흥기금의 지난 3년간 지출 내역을 살피면 아래 〈표 27〉과 같다. 기금사업은 크게 생활체육 육성과 전문체육 육성, 스포츠산업 육성 및 국제교류, 장애인 체육 육성 등으로 구성되며, 이를 합산하면 2012년의 경우 6421억 원으로 전체 지출의 67.7%에 이른다. 실제 사업에 투입되지 않는 자산 비율을 보면, 2010년 여유자금 운용액(공공자금관리기금 예탁+통화금융기관 예치)은 2,507억 원으로 전체 지출의 29.9%였으며, 2011년은 1,361억 원(16.2%)으로 절반 가까이 줄어들었다가, 2012년 다시 2,836억 원(29.9%)으로 상향 조정되었다. 여유자금 규모나 비율 면에서 국민체육진흥기금은 신규 사업에 추가지출이 가능한 재정적 여유를 갖추었다고 볼 수 있다.

<표 27> 국민체육진흥기금 지출 내역

(단위: 백만 원)

구분	세부내역	2010년	2011년	2012년
생활체육 육성		170,168	195,179	201,881
전문체육 육성		106,996	156,593	107,349
스포츠산업 육성 및 국제교류		278,229	305,972	298,178
	국제체육 지원	221,885	264,524	242,284
	스포츠과학기술개발 기반조성	7,000	7,000	7,200
	학술대회 및 체육대학 연구지원	1,000	3,920	1,997
	기금조성사업 시설건립	35,457	21,937	38,457
	체육산업육성 융자	11,599	7,941	8,240
	스포츠산업 활성화	700	1,100	–
장애인 체육육성		22,269	26,892	34,714
기금운영비		19,178	21,751	22,434
기금간 거래	공공자금관리기금 예탁	200,000	80,000	–
여유자금 운용	통화금융기관 예치	50,706	56,137	283,647
합계		837,799	842,524	948,203

* 출처 : 연도별 정부 기금운용계획안

　국민체육진흥기금 사업 가운데 체육 산업 육성을 위한 융자사업이 지속적으로 시행되어 오고 있다. 국민체육진흥법 22조 7항에서 체육용구 등을 생산하는 업체나 체육시설의 설치, 체육과 관련된 용역을 제공하는 업종에 융자가 가능하도록 규정해놓았기 때문이다. 이에 따른 융자사업 금액은 2010년에 116억 원 수준이었으며, 2011년 79억 원, 2012년 82억 원 정도로 일정 규모로 책정되어 오고 있다. 또한 2010년과 2011년 두 해 동안 스포츠산업 활성화를 위해 '체감형 가상스포츠 콘텐츠개발 지원'에 총 18억 원이 투입된 바 있다.

2) 모태펀드로의 출연가능성 및 실행방안

　국민체육진흥기금의 규모나 재원 조달의 건전성, 여유자금의 비중 등을 고려하면 신규 사업에의 지출 여력은 충분하지만, 설치 목적 면에서 국민체육진흥기금은 문화콘텐츠산업과 밀접한 관련성은 없고, 기금의 용도 면에서 문화콘텐츠 관련 분야로 지출할 수 있는 명시적 근거가 부족하다[30]. 하지만 체육 정책 또한 여가 선용 등 문화 정책 일반의 목적이 적용되어, 국민체육진흥기금 이외의 다양한 체육 사업 수익금을 문화 관련 분야에 사용할 수 있도록 규정하고 있다. 대표적인 것이 국민체육진흥법에 규정된 체육진흥투표권(스포츠토토) 수익금과 경정·경륜법에 규정된 경륜·경정

---

[30] 국민체육진흥법 22조 3항에는 종합유선방송사업에 국민체육진흥기금을 출연하거나 출자할 수 있도록 규정하고 있지만, 여기서 말하는 종합유선방송이란 스포츠 관련 채널(PP) 운영 사업에 국한되므로 넓은 의미의 문화 콘텐츠 제작과 유통을 위해 사용하기에는 어려움이 있다.

사업 수익금이다. 이들 재원은 현재로서도 문화예술 분야에 일부 출연하고 있으므로, 법 조항 개정 등의 노력을 통해 모태펀드 문화계정으로의 출연을 유도할 수 있다.

첫째, 국민체육진흥법은 여가체육 육성 및 체육진흥 등을 위해 국민체육진흥공단이 체육진흥투표권을 발행할 수 있도록 하고 있다. 동법 29조 2항[31]은 이에 따른 수익금의 일부를 '문화예술 분야의 인재 육성 및 전문인력 양성'과 '그밖에 문화예술 진흥을 위하여 특별히 지원이 필요한 사업'에 사용할 수 있도록 명기해 놓았다. 따라서 약간의 법 개정을 통해 국민체육진흥기금으로 편입되기 전의 체육진흥투표권 수익의 일부를 문화콘텐츠산업 진흥을 위해 사용할 수 있고, 그 용도를 명확히 규정하여 모태펀드 문화계정으로의 출연을 요청할 수도 있을 것이다.

둘째, 경륜·경정법 18조[32]는 경륜·경정 수익금을 공익적 성격의 주요 기금에 출연할 수 있도록 규정하고 있는데, 그 중 일부가 현재 문화예술진흥기금의 재원으로 출연되고 있음에 주목할 필요가 있다. 경정·경륜사업의 목적이 '국민의 여가 선용'에 있고, 문화예술진흥기금의 설치 목적 또한 이에 부합되는 면이 있기 때문이다. 그렇다면 여기서 문화콘텐츠산업 발전을 위한 재원으로도 경정·경륜 사업의 수익금 일부를 받을 수 있는 논리적 근거를 찾을 수 있다. 영화, 드라마, 음악 같은 문화콘텐츠는 체육이나 예술 활동 못지않게 많은 우리나라 국민이 여가를 활용하는 주요 수단이기 때문이다.

아래 표에 제시한 2010 국민여가활동조사(문화체육관광부, 2010) 결과에 따르면, 휴식(36.2%)과 취미오락활동(25.4%)이 우리 국민의 주된 여가활동 유형으로 나타났는데, 이러한 휴식의 절반 이상이 TV 시청(42.4%), 음악감상(5.9%)과 같은 문화콘텐츠 이용활동이었다. 취미오락활동 또한 게임(9.6%), 독서/만화책(8.3%), 노래방(3.2%) 등의 문화콘텐츠 이용이 20% 이상을 차지하였다.

---

31) 서울올림픽기념국민체육진흥공단은 제1항에 따라 수탁사업자로부터 넘겨받은 금액에 대하여 문화체육관광부 장관의 승인을 받아 다음 각 호의 목적으로 사용하도록 한다.
  1. 대통령령으로 정하는 지방자치단체의 공공체육시설의 개수·보수를 위한 지원. 다만, 개수·보수에 사용되는 총 재원 중 수익금의 지원 비율은 대통령령으로 정한다.
  2. 기금에 대한 출연
  3. 체육진흥투표권 발행 대상 운동경기를 주최하는 단체의 지원. 다만, 지원대상사업은 문화체육관광부령으로 정한다.
  4. 다음 각 목에 해당하는 문화·체육 사업의 지원
    가. 체육·문화예술 분야의 인재 육성 및 전문인력 양성과 이에 따른 시설 및 장비의 지원
    나. 비인기 운동종목 지원 및 문화예술 취약 분야 육성 사업
    다. 학교운동부 지원·육성 등 학교 체육의 활성화를 위한 사업
    라. 그 밖에 체육·문화예술 진흥을 위하여 특별히 지원이 필요한 사업
32) 경주사업자는 경주의 시행에 따른 제15조제1항의 수익금을 다음 각 호의 목적으로 사용하여야 한다.
  1. 「국민체육진흥법」에 따른 국민체육진흥기금 「청소년기본법」에 따른 청소년육성기금 「문화예술진흥법」에 따른 문화예술진흥기금 및 「중소기업진흥에 관한 법률」에 따른 중소기업창업 및 진흥기금에의 출연. 다만, 「중소기업진흥에 관한 법률」에 따른 중소기업창업 및 진흥기금에의 출연금은 자전거 및 모터보트 산업을 육성하기 위한 용도에 우선 사용하여야 한다.
  2. 지방 체육 진흥 등을 위한 지방재정 확충 지원
  3. 그 밖에 문화체육관광부령으로 정하는 공익사업

더불어 문화예술 관람활동은 영화 감상(81.4%) 비율이 압도적으로 높고, 연예공연(3.0%) 또한 일정비율을 보였다. 심지어 스포츠 관람활동에서도 온라인게임 경기관람이 10%를 상회할 정도로 여가 생활 전반에 문화콘텐츠 이용이 차지하는 비중이 높다. 따라서 경정·경륜 수익금을 문화콘텐츠 진흥과 관련된 재원으로 활용하는 것은 사업목적이나 실제 국민의 여가활용 행태에 비추어볼 때 매우 타당성이 높으며, 관련 법령 개정을 통해 모태펀드 문화계정으로의 출연 등이 가능하도록 근거조항을 둘 필요가 있다.

<표 28> 여가활동 유형별 참여비율

(단위: %)

문화예술관람	문화예술참여	스포츠 관람	스포츠 참여	관광	취미오락	휴식	기타
6.0	1.2	2.2	7.3	4.7	25.4	36.2	17.1

* 출처 : 문화관광체육부(2010) 『2010 국민여가활동조사』, 26쪽

<표 29> 휴식활동 참여비율

(단위: %)

산책	목욕	낮잠	TV시청	DMB시청	비디오시청	라디오청취	음악감상
16.2	11.3	15.5	42.4	1.4	3.1	4.2	5.9

* 출처 : 문화관광체육부(2010) 『2010 국민여가활동조사』, 40쪽 (음영은 문화콘텐츠 이용 활동)

<표 30> 취미오락 활동 참여비율

(단위: %)

쇼핑/외식	인터넷검색/채팅	등산	음주	게임	독서/만화책	미용	낚시	노래방	기타
18.0	15.6	13.1	11.1	9.6	8.3	4.0	3.3	3.2	13.8

* 출처 : 문화관광체육부(2010) 『2010 국민여가활동조사』, 38쪽 (음영은 문화콘텐츠 이용 활동)

<표 31> 문화예술 관람활동 참여비율

(단위: %)

전시회	박물관	음악연주회	전통예술공연	연극공연	무용공연	영화	연예공연
4.6	2.2	3.2	1.5	4.2	0.1	81.4	3.0

* 출처 : 문화관광체육부(2010) 『2010 국민여가활동조사』, 30쪽 (음영은 문화콘텐츠 이용 활동)

<표 32> 스포츠 관람활동 참여비율

(단위: %)

스포츠경기 관람	격투기 경기 관람	온라인게임 경기관람
86.5	3.4	10.1

* 출처 : 문화관광체육부(2010) 『2010 국민여가활동조사』, 32쪽 (음영은 문화콘텐츠 이용 활동)

마. 방송통신발전기금

1) 기금현황

(1) 개요

방송통신발전기금은 방송통신의 진흥을 지원하기 위해 2010년 '방송통신발전기본법'에 근거해 설치되었다. 방송통신발전기금은 오랫동안 방송진흥사업 및 문화·예술진흥사업을 위해 방송법에 근거해 설치·운영되던 방송발전기금이 확대개편된 것으로, 2012년 현재 방송통신위원회가 기금 주무부처인 동시에 관리주체로 되어 있다. 방송통신발전기금의 주요 재원은 정부 출연금 또는 융자금, 주파수 할당대가 징수금, 방송사업자 분담금 및 출연금 등이다. 주파수 할당에 따른 징수금은 전파법에, 방송사업자 분담금은 방송통신발전기본법에 규정되어 있는데, 홈쇼핑 채널사업자의 경우 전년도 영업이익의 15%까지 징수하도록 하는 등 채널의 특성에 따라 다양한 기준으로 부과하고 있다. 현행법에 나타난 방송통신발전기금의 용도는 아래와 같다.

○ 방송통신에 관한 연구개발 사업
○ 방송통신 관련 표준의 개발, 제정 및 보급 사업
○ 방송통신 관련 인력 양성 사업
○ 방송통신서비스 활성화 및 기반 조성을 위한 사업
○ 공익·공공을 목적으로 운영되는 방송통신 지원
- 네트워크 지역지상파방송사업자와 중소지상파방송사업자의 공익적 프로그램 제작 지원
○ 방송통신콘텐츠 제작·유통 지원
○ 시청자가 직접 제작한 방송프로그램 및 미디어 교육 지원
○ 시청자와 이용자의 피해구제 및 권익증진 사업
○ 방송통신광고 발전을 위한 지원
- 방송광고균형발전위원회 운영비용 지원

- ○ 방송통신 소외계층의 방송통신 접근을 위한 지원
- ○ 방송통신 관련 국제 교류·협력 및 남북 교류·협력 지원
- ○ 해외 한국어 방송 지원
- ○ 「전파법」 제7조제1항에 따른 손실보상금
- ○ 「전파법」 제7조제5항에 따라 반환하는 주파수할당 대가
- ○ 그 밖에 방송통신 발전에 필요하다고 방송통신위원회가 의결한 사업
- ○ 방송통신의 공공성 제고와 방송통신 진흥 및 시청자 복지를 위한 융자 및 투자

이는 과거 방송법에 규정된 방송발전기금의 용도와는 다소 차이가 있다. 아래는 구 방송법 38조에 규정된 기금의 용도로써 현재보다 '문화적 가치'를 존중하는 경향을 보였다. 법에 기재된 용도는 다소 변화하였지만, 실제 방송통신발전기금은 아래와 같은 방송과 관련 문화예술분야의 가치를 구현하기 위해 여전히 사용될 수 있다.

- ○ 교육방송 및 기타 공공을 목적으로 운영되는 방송
- ○ 공공의 목적을 위한 방송사업자의 설립 및 방송프로그램 제작
- ○ 방송프로그램 및 영상물 제작 지원
- ○ 시청자가 직접 제작한 방송프로그램
- ○ 미디어 교육 및 시청자단체의 활동
- ○ 방송광고 발전을 위한 단체 및 사업 지원
- ○ 방송기술 연구 및 개발
- ○ 장애인등 방송소외계층의 방송접근을 위한 지원
- ○ 문화·예술진흥사업
- ○ 언론공익사업
- ○ 남북 간 방송 교류·협력 및 남북공동 방송프로그램 제작 지원
- ○ 해외한국어방송에 대한 지원
- ○ 기타 방송의 공공성 제고와 방송발전에 필요하다고 방송통신위원회가 의결한 사업
- ○ 방송의 공공성·공익성 제고와 방송진흥 및 시청자복지를 위한 융자 및 투자

(2) 수입과 지출

2012년 방송통신발전기금 수입 및 지출 규모는 약 8,258억 원이며 이 가운데 문화예술부문 수입 및 지출 규모는 5,835억 원이다. 이는 2010년 2,662억 원, 2011년 5,445억 원(문화예술부문 3,244억 원)에 비해 크게 증가한 결과인데, 2011년부터 통신부문이 추가되어 주파수할당대가 징수

금이 기금 수입으로 들어오면서 일어난 변화이다. 최근 3년간 방송통신발전기금의 수입 내역을 나타낸 〈표 33〉을 보면, 2010년의 경우 방송사업자 부담금을 주재원으로 한 경상이전수입이 1,478억 원으로 전체 수입의 55.5%였지만, 주파수할당대가 징수금이 추가된 2011년 경상이전수입은 4,136억 원으로 3배 가까이 증가하였고 전체 수입에서 차지하는 비율도 76%로 확대되었다. 2012년 경상이전 수입은 전년도 보다 낮은 2,932억 원 수준으로 전체 수입의 35.5%로 다시 내려갔다.

이처럼 3년간 방송통신발전기금의 수입 규모와 구성 비율이 상당한 변화폭을 보인 이유는 기금 성격 변화에 따른 신규 수입원 추가와 정부예금 및 공공자금관리기금 예탁금 회수 등이 일어났기 때문이다. 그럼에도 불구하고 방송통신발전기금 규모는 이전 시기에 비해 크게 확대되었고 주파수 징수금도 추가되었으므로 현재 수준의 기금수입이 향후에도 계속 이어지거나 보다 증가할 가능성이 있다.

<표 33> 방송통신발전기금 수입 내역

(단위: 백만 원)

구분	세부내역	2010년	2011년	2012년
재산수입		7,970	7,821	15,329
	통화금융기관 이자수입	2,267	2,466	2,711
	기타재산수입	5,703	5,355	12,618
경상이전수입		147,778	413,632	293,161
	방송사업자 부담금	144,612	160,193	186,783
	주파수할당 대가	-	251,483	102,300
	민간출연금 및 기타경상이전수입	3,166	1,956	4,078
융자 및 전대차관원금회수		14,318	14,139	16,567
	통화기관 융자원금회수	14,318	14,139	16,567
차입금 및 여유자금 회수		92,800	83,351	435,632
	정부예금 회수	92,800	83,351	435,632
정부 내부 수입 및 기타		3,300	25,543	65,165
	공공자금관리기금 예탁 원금회수	-	20,000	60,000
	공공자금관리기금 예탁 이자수입	3,300	5,543	5,165
합계		266,166	544,486	825,854

* 출처 : 연도별 정부 기금운용계획안

한편 방송통신발전기금의 최근 3년간 지출 내역을 살피면 아래 〈표 34〉와 같다. 방송통신발전기금의 사업은 크게 문화예술분야와 통신 분야로 대별되는데, 두 분야 모두 지난 3년간 소폭 증가하는 추세이다. 실제 사업에 투입되지 않고 여유자금으로 운용되는 비율을 살펴보면, 2010년 여유자금 운용액(공공자금관리기금 예탁+통화금융기관 예치)은 678억 원으로 전체 지출의 25.5% 수준이었는데, 2011년에 984억 원(18.1%)으로 규모는 증가하였으나 비율은 다소 하락했다가, 2012년에 2,898억 원(35.1%)으로 규모나 비율 면에서 모두 증가하였다. 향후 현재수준의 기금수입과 여유자금 수준이 유지된다면, 방송통신발전기금에서 추가 사업을 통해 지출할 재정적 여력은 보유한 것으로 판단가능하다.

<표 34> 방송통신발전기금 지출 내역

(단위: 백만 원)

구분	세부내역	2010년	2011년	2012년
문화예술분야 사업		197,692	222,747	288,690
	방송통신융합 촉진	37,218	64,523	68,716
	방송통신융합 촉진(투융자)	11,500	-	-
	전파방송산업 기반조성	6,016	3,350	300
	방송진흥 기반구축	39,636	47,984	117,264
	디지털방송 전환(융자)	22,000	22,000	17,000
	방송 인프라 개선	56,230	60,729	61,606
	이용자보호 및 공정경쟁	20,972	21,151	20,982
	방송통신국제협력강화	4,120	3,010	2,822
통신 분야 사업		-	220,127	242,305
기금운영비		723	3,181	3,754
	방송통신발전기금 운영비	723	3,181	3,754
내부거래 지출		50,000	50,000	20,000
	공공자금관리기금 예탁	50,000	50,000	20,000
여유자금 운용		17,751	48,431	269,788
	통화/비통화 금융기관 예치	17,751	48,431	269,788
합계		266,166	544,486	825,854

* 출처 : 연도별 정부 기금운용계획안

방송통신발전기금에서는 융자 및 출자 사업도 꾸준히 이루어지고 있다. 실제로 디지털방송전환 융자를 위해 매년 200억 원 내외가 지원되고 있으며, 2010년에는 모태펀드 형식의 방송콘텐츠투자조합에 100억 원을 출자하기도 하였다. 즉 방송통신발전기금에서 모태펀드로 출연한 사례가 있다.

2) 모태펀드로의 출연가능성 및 실행방안

방송이 문화콘텐츠산업의 핵심 분야임은 두말할 나위가 없다. 방송통신발전기금 용도 가운데 '방송통신콘텐츠 제작 및 유통'이 명시되어 있으므로, 해당 기금에서 모태펀드 문화계정으로 출연하는 것은 현재로서도 법적인 문제가 없다. 단지 모태펀드 자금 지원 분야를 방송통신콘텐츠가 아닌 문화콘텐츠 전반으로 넓히기 위해서는 명확한 법적 근거 확립을 위해 법조문 개정이 필요하다.

방송통신발전기금의 재정 여력은 앞서 살펴본 바와 같이 2011년부터 주파수할당대가라는 추가

수입원이 생겨났고, 이에 따라 전체 운용 규모도 2012년 현재 8천억 원이 넘는 대형 기금이 되었다. 방송통신발전기금의 규모는 앞으로도 상당기간 동안 지속되거나 증가할 것으로 보이며, 여유자금 운용규모나 비율이 2012년에 2,898억 원(전체 대비 35.1%)에 이르러 추가 자금 지출에도 큰 어려움이 없을 것으로 판단된다. 재정 여건이 현재보다 좋지 않았던 2010년에도 모태펀드에 100억 원을 출연한 사례가 있으므로, 현 시점에서는 그 이상의 금액을 문화콘텐츠산업 지원을 위한 모태펀드로 출연하는 것을 적극 검토할 수 있다.

바. 정보통신진흥기금

1) 기금현황

(1) 개요

정보통신진흥기금은 정보통신의 진흥을 지원하기 위해 '정보통신산업 진흥법'에 근거하여 2005년 설치되었다. 하지만 실제로는 1993년 '정보통신연구개발에 관한 법률'에 의해 설치된 바 있으며, 1996년 정보화촉진기금으로 명칭이 바뀌었다가 2005년 정보통신부가 분리 발전시켜 정보통신진흥기금으로 재탄생시켰다. 2012년 현재 지식경제부가 정보통신진흥기금의 주무부처인 동시에 관리주체로 되어 있다. 정보통신진흥기금의 주요 재원은 정부 출연금 또는 융자금, 통신사업자 부담금, 주파수할당 대가 등으로 이루어져 있다. 정보통신산업 진흥법 43조는 할당받은 주파수를 사용하는 통신사업자의 통신서비스로 인한 매출액의 1% 이내에서 부담금을 부가할 수 있도록 되어 있다. 현행법에 나타난 정보통신진흥기금의 용도는 아래와 같다.

- 정보통신(전파방송 포함)에 관한 연구개발사업
- 정보통신 관련 표준의 개발·제정 및 보급사업
- 정보통신 관련 인력의 양성사업
- 정보통신산업의 기반조성을 위한 사업
- 「전파법」 제7조제5항에 따라 반환하는 주파수할당 대가
- 정보통신 관련 사업의 부대사업

(2) 수입과 지출

2012년 정보통신진흥기금의 수입 및 지출 규모는 1조 1,298억 원 수준이다. 이는 전년(1조 2,102억 원)보다는 다소 감소한 금액이지만, 2010년(1조 390억 원)과 비교하면 증가한 수준이다. 지난 3년간 정보통신진흥기금의 수입 내역을 나타낸 〈표 35〉를 보면, 통신사업자 부담금 등으로

구성되는 법정 부담금이 2010년 4,317억 원(41.5%), 2011년 7,590억 원(62.7%)에서, 2012년에는 1,592억 원(14.1%)으로 크게 감소하였는데, 이는 주파수 할당대가에 따른 수입의 상당부분이 방송통신발전기금으로 이관되었기 때문이다. 그럼에도 불구하고 2012년에는 정부예금 회수 등으로 기금수입이 일정 수준을 유지하였다.

<표 35> 정보통신진흥기금 수입 내역

(단위: 백만 원)

구분	세부내역	2010년	2011년	2012년
재산수입		29,607	51,975	38,112
	정부출자수입	11,112	35,410	16,451
	기타재산수입 및 재산수입	18,495	16,565	21,661
경상이전수입		458,769	776,884	181,594
	법정부담금	431,652	759,047	159,166
	기타 경상이전수입	27,117	17,837	22,428
융자 및 전대차관원금회수		150,669	132,288	90,506
	통화기관 융자원금회수	150,669	132,288	90,506
차입금 및 여유자금 회수		188,339	185,122	455,377
	정부예금 회수	188,339	185,122	455,377
정부 내부 수입 및 기타		211,613	63,915	364,204
	공공자금관리기금 예탁 원금회수	205,863	50,000	350,000
	공공자금관리기금 예탁 이자수입	5,750	13,915	14,204
합계		1,038,997	1,210,184	1,129,793

* 출처 : 연도별 정부 기금운용계획안

한편 정보통신진흥기금의 최근 3년간 지출 내역을 보면 아래 <표 36>과 같다. 정보통신분야 연구개발사업에 주요 재정 지출이 이루어졌는데, 규모와 비율은 2010년 8,641억 원(83.2%)에서 2011년 6,915억 원(57.1%)으로 감소하였으며, 2012년은 6,684억 원(59.2%)으로 전년대비 비슷한 수준을 보였다. 반면 2010년 여유자금 운용액(공공자금관리기금 예탁+통화금융기관 예치)은 1,556억 원으로 전체 지출의 15%에 불과하였으나 2011년 5,019억 원(41.5%), 2012년 4,446억 원(39.4%)으로 규모나 비율 면에서 증가하는 양상을 보였다. 전체 운용규모가 유지되는 가운데 최근 40% 내외의 여유자금 운용 비율을 통해 정보통신진흥기금에서 추가 지출이 가능한 재정적 여력을 엿볼 수 있다.

<표 36> 정보통신진흥기금 지출 내역

(단위: 백만 원)

구분	세부내역	2010년	2011년	2012년
재정사업		864,092	691,486	668,424
	산업원천기술개발지원(정보통신)	576,950	24,106	-
	정보통신산업진흥(비 R&D)	80,000	32,200	-
	정보통신산업진흥	164,698	2,793	668,424
	방송통신진흥기반조성	42,444	-	-
	산업융합원천기술확보(정보통신)	-	416,283	-
	신시장창출(정보통신)	-	33,930	-
	인프라조성(정보통신)	-	182,174	-
기금운영비		19,339	16,770	16,725
	정보통신진흥기금 운영비	19,339	16,770	16,725
내부거래 지출		50,000	250,000	200,000
	공공자금관리기금 예탁	50,000	250,000	200,000
여유자금 운용		105,566	251,928	244,644
	통화/비통화 금융기관 예치	105,566	251,928	244,644
합계		1,038,997	1,210,184	1,129,793

* 출처 : 연도별 정부 기금운용계획안

2) 모태펀드로의 출연가능성 및 실행방안

정보통신진흥기금은 IT/SW 분야 진흥을 주목적으로 한다. 현 정부 들어 문화부의 콘텐츠정책에 IT/SW 분야도 포함되면서, 정보통신산업 또한 콘텐츠산업의 일부가 되었다. 이러한 연관성은 2011년 '온라인 디지털콘텐츠산업 발전법'이 전면 개정되어 탄생한 '콘텐츠산업진흥법' 8조[33])에서 정보통신진흥기금의 일부를 콘텐츠산업 발전을 위해 사용할 수 있도록 규정한 데서도 알 수 있다. 따라서 정보통신진흥기금의 일부를 콘텐츠산업과 관련된 모태펀드로 출연하는 것은 목적 연관성 측면에서 타당하다. 다만 '정보통신'이란 용어 자체가 콘텐츠 관련 분야를 포함하는 것으로 보기에 애매한 면이 있으므로 관련 법 조항 개정을 통해 정보통신이 전파방송 뿐만 아니라 문화콘텐츠도 포함하도록 명시할 필요가 있다.

정보통신진흥기금에서 모태펀드로의 출연 타당성은 이러한 법적 관련성 외에도 수혜자 비용 부담 원칙을 적용하여 논의할 수도 있다. 정상철(2012)은 "이동통신사들의 주파수 할당 대가로 만들

---
[33]) 콘텐츠산업진흥법 제8조(재원의 확보)
  ① 정부는 콘텐츠산업의 발전에 필요한 재원을 마련하기 위하여 노력하여야 한다.
  ② 정부는 「정보통신산업 진흥법」 제41조에 따른 정보통신진흥기금 등으로 이 법에 규정된 사업의 추진을 지원할 수 있다.

어진 정보통신진흥기금은 올해 1조 1297억 원 규모에 달하지만 이 중 2%만 콘텐츠 진흥에 투입되고 있다"며 "이동통신사들의 주 수입원이 음성통화에서 콘텐츠를 포함한 데이터통신 분야로 이동한 것에 비춰볼 때 잘못된 것"임을 지적한 바 있다. 실제로 정보통신진흥기금의 주된 기반이 되는 통신서비스 시장의 매출액 추이를 나타낸 아래 〈표 37〉을 보면, 유무선 콘텐츠 이용 등이 포함된 방송통신융합서비스 매출액이 2010년 8조 7,526억 원으로 전체 매출액의 16.5%를 차지하였다. 이는 2005년 8.6%에 비하면 약 두 배 가까이 증가한 것으로, 콘텐츠 거래로 얻는 통신사업자 수익이 상당한 수준으로 발전했음을 의미한다.

<표 37> 통신서비스 시장 매출액 추이

(단위: 억 원)

구분	2005	2006	2007	2008	2009	2010
유선통신서비스34)	173,336 42.4%	174,005 40.6%	177,160 39.0%	180,693 37.1%	174,640 34.3%	172,643 32.5%
무선통신서비스35)	154,844 37.9%	162,858 38.0%	172,208 37.9%	183,290 37.6%	195,570 38.4%	205,990 38.8%
회선설비임대 재판매 및 모집 중개36)	17,139 4.2%	17,742 4.1%	19,945 4.4%	21,694 4.5%	17,821 3.5%	13,403 2.5%
부가통신서비스37)	28,111 6.9%	32,034 7.5%	35,788 7.9%	40,940 8.4%	47,950 9.4%	51,821 9.8%
방송통신융합 서비스38)	35,171 8.6%	42,049 9.8%	49,027 10.8%	60,417 12.4%	73,858 14.5%	87,526 16.5%
합계	408,601 100%	428,688 100%	454,128 100%	487,034 100%	509,839 100%	531,383 100%

* 출처 : 한국정보통신진흥협회(2011) 『2011 방송통신산업 통계연보』에서 각 서비스 매출액 추이를 더하여 작성./ 2010년 조사 값은 잠정치
** 방송통신서비스의 통계분야 분류체계 변경사항 반영(기간/별정/부가 => 통신/융합)

보다 구체적으로 통신사업자의 방송통신융합서비스 매출액 추이를 구체적으로 살피면 아래 〈표 38〉과 같다. 방송통신융합서비스는 크게 IPTV 서비스와 유무선통합서비스(FMC), 유무선 콘텐츠,

---

34) 송·수신 양자가 전선로로 연결되고, 그것에 의하여 신호가 매개되는 전기통신서비스(전화, 전용회선, 초고속망, 전신전보 등)
35) 전파를 전송매체로 이용하여 모든 종류의 정보를 송신하거나 수신하는 서비스(이동통신, 무선초고속인터넷, 위성통신 등)
36) 기간통신사업자의 전기통신 회선설비를 이용하거나, 국내에서 전기통신 설비를 이용하여 전기통신 역무를 제공(유선통신(재판매), 무선통신(재판매))
37) 기간통신사업자로부터 회선설비를 임차하여 기간통신 역무외의 전기통신역무를 제공(인터넷 관리 및 지원 서비스, 부가통신 응용 및 중개서비스)
38) IPTV, FMC, 유무선콘텐츠 등

인터넷광고서비스 등으로 나뉘는데, 이 가운데 콘텐츠 유통과 관련된 유무선 콘텐츠 분야 매출액이 2010년 8조 2,647억 원으로 전체 방송통신융합서비스 매출액의 94.4%를 차지할 정도로 압도적이다. 이를 통해 볼 때 통신사업자는 고유의 망 사업뿐만 아니라 각종 콘텐츠 유통을 통해서도 상당한 수익을 창출하며, 이의 일부분이 정보통신진흥기금을 구성하기 때문에, 본 기금에서 콘텐츠 제작과 유통지원을 위해 마련된 모태펀드 문화계정으로 출연을 요청하는 것은 정당한 요구이다.

<표 38> 방송통신융합서비스 매출액 추이

(단위: 억 원)

구분	2005	2006	2007	2008	2009	2010
IPTV서비스				1,140	2,448	4,043
IPTV방송					790	3,361
수신료					638	2,924
광고수입					42	133
기타방송사업					110	304
Pre-IPTV				1,140	1,658	682
유무선통합서비스(FMC)					168	
가정용					156	
기업용					12	
유무선콘텐츠	35,171	42,049	49,027	59,277	71,242	82,647
음성콘텐츠제공 서비스	3,755	3,997	3,455	3,387	3,402	3,373
음성콘텐츠제공서비스	2,501	2,437	2,260	2,180	2,214	465
번호안내서비스	1,254	1,561	1,195	1,207	1,189	2,909
온라인콘텐츠제공서비스	28,631	27,085	31,683	39,859	51,495	58,628
웹케스팅서비스	290	485	687	781	1,221	1,312
인터넷미디어서비스					1,160	1,322
인터넷게임서비스	9,253	11,975	14,106	19,657	27,897	32,443
온라인교육서비스	3,127	3,891	5,129	5,835	6,578	7,198
전문정보제공서비스	4,921	5,547	6,500	7,129	7,544	8,167
디지털영상제공서비스		597	760	655	681	697
디지털음향제공서비스		1,640	1,713	1,960	2,481	3,244
디지털출판물제공서비스	350	381	319	380	392	401
기타	10,690	2,569	2,468	3,461	3,541	3,842
인터넷광고서비스	2,395	10,622	13,616	15,828	16,136	20,405
기타콘텐츠서비스	390	344	273	203	208	242
합계	35,171	42,049	49,027	60,417	73,858	87,526

* 출처 : 한국정보통신진흥협회(2011) 『2011 방송통신산업 통계연보』, 124-125쪽을 기반으로 작성. / 2010년 조사 값은 잠정치

특히 2011년 국정감사 당시 이철우 의원의 주장을 보도한 언론 기사에 따르면, 통신사업자는 모바일 음원과 같은 문화콘텐츠 유통을 통해 '폭리'에 가까운 과도한 매출을 달성하고 있는 것으로 나타났다[39](송경화, 2011). 이동통신사 3사의 모바일 음원 매출은 2008년 1,009억 원에서 2010년 1,163억 원으로 3년간 154억 원(15.2%) 늘었지만, 음원 매출에 따른 수익배분은 서비스사업자인 이동통신사 61.5%, 작사·작곡자 9%, 가수 4.5%, 제작자 25%로 되어 있어 이동통신사가 과도한 이윤을 취하는 구조라는 것이다. 그러므로 이들 수익금의 일부로 조성되는 정보통신진흥기금을 문화콘텐츠 관련 사업에 지원하는 것은 매우 타당한 요구인 셈이다.

사. 종합 논의

지금까지 문화콘텐츠와 관련 있는 6개 기금의 현황과 특성을 살펴보고, 모태펀드로의 출연가능성과 실행방안에 대해 논의해보았다. 여기서는 문화콘텐츠 관련성과 재원 건전성, 여유자금 규모 및 비율 등을 기준으로 각각의 기금을 평가하고, 법리적 차원에서 모태펀드로의 출연이 가능한지 여부를 살펴보고자 한다. 더불어 이들 기금에서 모태펀드로 출연한다면 금액은 얼마나 산정할 수 있는지 등을 시안적으로 제시해 보고자 한다.

1) 문화콘텐츠 관련성

검토 대상 6개 기금은 정도의 차이는 있지만 모두 일정 수준 문화콘텐츠와 관련이 있다. 그리고 이러한 관련성은 크게 법적 측면과 사회문화적 측면 두 차원으로 평가해 볼 수 있다.

우선 영화발전기금은 법적으로 한국영화의 창작·제작 진흥 지원, 한국영화의 수출 및 국제교류 지원이라는 영화진흥법 규정이 문화콘텐츠와 관련되고, 영상 전문투자조합 출자 규정은 모태펀드로 기금을 출연할 수 있는 직접적인 근거가 된다. 사회문화적으로도 영화는 두말할 나위 없는 문화콘텐츠의 핵심장르이며, 실제 모태펀드에서 영화 투자액 비중이 절반에 이르므로 해당 기금과의 관련성은 매우 높다.

문화예술진흥기금은 문화예술진흥법에 규정된 용도 가운데 문화콘텐츠산업 진흥을 위한 모태펀드로 해당 기금의 일부를 출연할 수 있는 근거는 명시되어 있지 않다. 사회문화적으로는 문화예술 분야 자체가 문화콘텐츠의 창작 기반이라는 점에서 깊은 관련성이 인정된다.

관광진흥개발기금은 외래관광객 유치를 지원하기 위해 사용되는데, 관련 통계에도 나타나듯 한류 콘텐츠로 인한 외래관광객 증가는 문화콘텐츠와 관광진흥개발기금과의 사회문화적 상관성이

---

39) 이통사들 모바일 음원 매출 '폭리' (한겨레신문 2011년 9월 23일 8면)
  [online available] http://www.hani.co.kr/arti/politics/politics_general/497566.html

상당함을 보여준다. 그러나 관광진흥개발기금법 상 문화콘텐츠 분야로 재원을 지출할 수 있는 근거가 없어 실제 출연을 위해서는 해당 법조문을 개정할 필요가 있다.

국민체육진흥기금은 문화콘텐츠와 표면적 관련성을 높지 않지만, 건전문화 창출과 여가선용이라는 문화정책의 일반 목표 면에서 관련성을 찾을 수 있다. 이에 따라 국민체육진흥기금의 주요 재원 중 하나인 체육진흥투표권 수익금과 경정·경륜 수익금의 일부를 문화예술 분야에서 사용할 수 있도록 근거 규정이 법에 명시되어 있다. 하지만 이들 조항을 근거로 문화콘텐츠산업 분야로 재원을 이동하기에는 다소 모호한 측면이 있으므로 관련 법 개정을 통해 문화예술 뿐만 아니라 문화콘텐츠 관련 분야로 지원 대상을 확장하고 재원의 용도를 구체적으로 명기할 필요가 있다.

방송통신발전기금은 방송통신콘텐츠의 제작·유통을 지원하도록 방송통신발전기본법에 명시되어 있기 때문에 문화콘텐츠와 법적 관련성이 강하다. 다만 방송뿐만 아니라 문화콘텐츠 분야 전반에 해당하는 모태펀드 문화계정으로 기금 출연액을 가져오기 위해서는 법 개정을 통해 근거조항을 명확히 할 필요가 있다. 사회문화적인 측면에서도 방송(통신)은 문화콘텐츠의 핵심장르이므로 연관성이 매우 높다.

정보통신진흥기금은 콘텐츠산업진흥법에서 기금의 일부를 콘텐츠산업 발전을 위해 사용할 수 있도록 명시해 놓았다. 하지만 용도나 출연 기준에 대한 구체적인 내용이 없어 실효성은 떨어진다. 정보통신진흥기금 용도에 대한 법적 조항은 정보통신산업 진흥법에 규정되어 있는데, 모태펀드 문화계정으로 해당 기금을 출연하기 위해서는 '정보통신'의 개념을 확장시켜 법 조문에 명시할 필요가 있다. 사회문화적으로는 이명박 정부 출범 후 IT/SW 분야가 문화부가 관장하는 콘텐츠산업의 일부가 되었고, 통신서비스 사업자 수익 가운데 콘텐츠 관련 분야 비중이 점차 높아지는 통계결과가 두 분야 간의 연관성을 보여준다. 이러한 기금별 문화콘텐츠 관련성 평가를 정리하면 아래 〈표 39〉와 같다.

<표 39> 기금별 문화콘텐츠 관련성 평가

구분	법적 관련성		사회문화적 관련성
	직접적/명시적 지원규정	간접적 지원규정	
영화발전기금	〈영화진흥법〉 - 한국영화의 창작·제작 진흥 지원 - 영상 전문투자조합 출자 - 한국영화의 수출 및 국제교류 지원		- 영화는 문화콘텐츠의 핵심장르 - 모태펀드에서 영화 투자액 비중이 가장 높음(50.6%)
문화예술진흥기금		〈문화예술진흥법〉 - 문화예술의 창작과 보급 - 국제 문화예술 교류	- 문화예술분야는 문화콘텐츠의 기반

구분	법적 관련성		사회문화적 관련성
	직접적/명시적 지원규정	간접적 지원규정	
관광진흥 개발기금		〈관광진흥개발기금법〉 - 외래관광객 유치 지원사업	- 한류 콘텐츠로 인한 외래 관광객 증가
국민체육 진흥기금		〈국민체육진흥법〉 - 문화예술 분야의 인재 육성 및 전문인력 양성과 시설 및 장비 지원 〈경륜·경정법〉 - 문화예술기금으로의 출연	- 문화콘텐츠는 문화예술 못지 않게 여가선용을 위한 일상적인 수단
방송통신 발전기금	〈방송통신발전기본법〉 - 방송통신콘텐츠 제작·유통 지원 - 방송통신 관련 국제 교류·협력		- 방송은 문화콘텐츠의 핵심장르
정보통신 진흥기금	〈콘텐츠산업진흥법〉 - 기금의 일부를 콘텐츠산업 발전을 위해 사용	〈정보통신진흥기본법〉 - 정보통신(전파방송 포함)에 관한 연구개발 - 정보통신 관련 표준의 개발 제정 및 보급 - 정보통신 관련 인력의 양성	- IT/SW는 콘텐츠 장르의 일부 - 통신서비스 사업자 수익 가운데 콘텐츠 비중이 차츰 높아짐

2) 재원 건전성

한편 기금의 재원 건전성을 토대로 모태펀드로의 출연가능성을 평가해볼 수 있다. 〈표 40〉과 [그림 4]에 나타난 바와 같이 기금 규모는 정보통신진흥기금과 국민체육진흥기금이 1조원 내외로 가장 큰 편에 속한다. 방송통신발전기금은 2010년은 영화발전기금이나 문화예술진흥기금보다 규모가 작았지만 최근 3년간 급속히 성장하여 8천억 원을 상회하는 수준에 이르렀다. 관광진흥개발기금은 7천억 원 내외, 영화발전기금과 문화예술진흥기금은 3천억 원 내외 규모를 보인다.

주요 재원 조달수단을 보면, 국민체육진흥기금이 다양한 부가금과 전입금을 통해 마련되어 가장 안정적이다. 관광진흥개발기금 또한 카지노사업자와 출국자 납부금으로 현 기금 규모의 꾸준한 유지가 가능하며, 방송통신발전기금과 정보통신진흥기금도 주파수할당 징수금과 사업자 분담금 등으로 안정적인 운영이 가능하다. 영화발전기금도 충분하지는 않지만 2014년까지 한시적으로 입장권 부과금을 토대로 현 수준으로 유지할 수 있다. 그러나 문화예술진흥기금은 안정적인 자체 재원 마련 수단 없이 경륜·경정 전입금과 복권기금 등 타 기금 전입금에 의존하고 있어 재원 건전성이 우수한 편은 아니다.

<표 40> 기금별 규모 및 주요 재원

(단위 : 백만 원)

구분	2010년	2011년	2012년	주요 재원
영화발전기금	284,201	308,354	287,742	영화관 입장권 부과금 (2014년까지 한시적용)
문화예술진흥기금	360,478	259,505	266,691	타 기금 전입금
관광진흥개발기금	675,681	642,983	715,031	카지노사업자 납부금 출국납부금
국민체육진흥기금	837,799	842,524	948,203	골프장 부가금, 경륜·경정 전입금, 투표권 전입금, 복권기금 전입금
방송통신발전기금	266,166	544,486	825,854	주파수 할당 징수금 방송사업자 분담금
정보통신진흥기금	1,038,997	1,210,184	1,129,793	주파수 할당 징수금 통신사업자 분담금

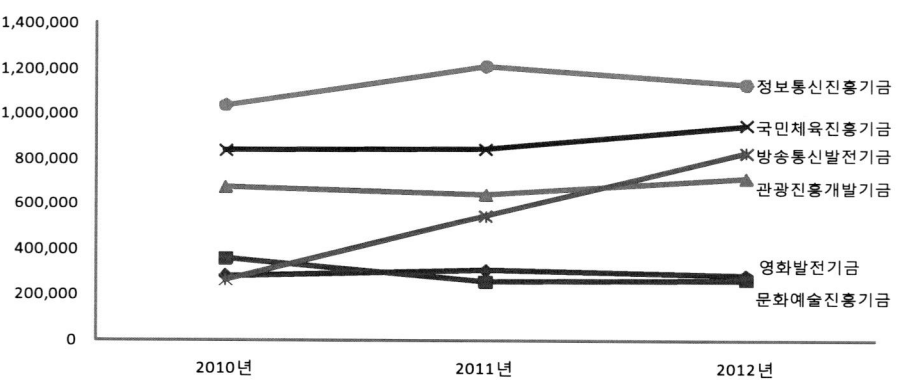

[그림 4] 기금별 운용 규모 추이

3) 여유자금 규모 및 비율

실제 사업에 투입되지 않는 여유자금 규모와 비율을 통해서도 모태펀드의 출연가능성을 평가할 수 있다. 〈표 41〉은 최근 3년간 여유자금 규모와 전체기금에서 차지하는 비율을 제시하고 평균값을 구해본 것이다. 6개 기금을 합산하면 연평균 1조 2천억 원 규모의 여유자금이 있는데, 이는 전체 기금운용액의 32.5%에 이른다. 기금별로는 정보통신진흥기금이 평균 3,674억 원으로 여유자금 규모가 가장 컸고, 다음이 국민체육진흥기금(2,235억 원), 영화발전기금(2,071억 원) 순이었다. 전체 대비 비율로 보면 영화발전기금이 평균 70.6%, 문화예술진흥기금이 평균 61.2%로 상당히 높게 나타났다.

<표 41> 기금별 여유자금 규모 및 비율

구분	2010년		2011년		2012년		평균	
	여유자금 (억 원)	전체대비비율 (%)	여유자금 (억 원)	전체대비비율 (%)	여유자금 (억 원)	전체대비비율 (%)	여유자금 (억 원)	전체대비비율 (%)
영화발전기금	2,309	81.3	2,138	69.3	1,766	61.4	2,071	70.6
문화예술진흥기금	2,631	73.0	1,477	56.9	1,314	49.3	1,807	61.2
관광진흥개발기금	1,087	16.1	1,005	15.6	1,113	15.6	1,068	15.8
국민체육진흥기금	2,507	29.9	1,361	16.2	2,836	29.9	2,235	25.5
방송통신발전기금	678	25.5	984	18.1	2,898	35.1	1,520	27.9
정보통신진흥기금	1,556	15.0	5,019	41.5	4,446	39.4	3,674	32.7
전체	10,768	31.1	11,984	31.5	14,373	34.5	12,375	32.5

4) 종합판단 및 모태펀드 출연액 산출

이상의 세 가지 기준에 따른 평가를 토대로 기금별 모태펀드로의 출연가능성을 종합적으로 평가해볼 수 있다. 첫 번째 기준인 문화콘텐츠 관련성 면에서는 법적 기준과 사회문화적 기준을 종합하여 영화발전기금과 방송통신발전기금, 관광진흥개발기금, 정보통신진흥기금을 상 등급으로, 문화예술진흥기금과 국민체육진흥기금은 중 등급으로 분류할 수 있다.

두 번째 기준인 재원 건전성 측면에서는 관광진흥개발기금, 국민체육진흥기금, 방송통신발전기금, 정보통신진흥기금을 상 등급으로, 영화발전기금은 중 등급, 문화예술진흥기금은 하 등급을 부여할 수 있다. 세 번째 여유자금 비중 기준으로는 30%가 넘는 영화발전기금과 문화예술진흥기금, 정보통신진흥기금이 상 등급, 25% 수준인 국민체육진흥기금과 방송통신발전기금은 중 등급, 15% 수준에 불과한 관광진흥개발기금은 하 등급으로 분류 가능하다. 이를 종합하면, 영화발전기금(상2중1), 관광진흥개발기금(상2하1), 방송통신발전기금(상2중1), 정보통신진흥기금(상2중1) 4개 기금은 상 등급, 문화예술진흥기금(상1중1하1), 국민체육진흥기금(상1중2) 2개 기금은 중 등급으로 최종 분류할 수 있다. 이를 종합하면, 정보통신진흥기금(상3), 방송통신발전기금(상2중1), 영화발전기금(상2중1), 관광진흥개발기금(상2하1) 4개 기금은 상 등급, 국민체육진흥기금(상1중2) 기금은 중 등급, 문화예술진흥기금(상1중1하1)은 하 등급으로 최종 분류할 수 있다.

<표 42> 기금별 모태펀드 출연가능 등급 판정

구분	문화콘텐츠 관련성	재원 건전성	여유자금 비중	종합 등급
영화발전기금	상	중	상	상
문화예술진흥기금	중	하	상	하
관광진흥개발기금	상	상	하	상
국민체육진흥기금	중	상	중	중
방송통신발전기금	상	상	중	상
정보통신진흥기금	상	상	상	상

이렇게 판정된 모태펀드 출연가능 등급을 토대로 실제 출연액을 시안적으로 계산해볼 수 있다. 아래 〈표 43〉은 최근 3년간 모태펀드로 출연한 기금의 당시 규모와 여유자금 수준, 실제 출연액을 제시한 것이다. 이를 통해 보면 출연액의 여유자금 대비 비율이 가장 높았던 경우는 2012년 영화발전기금으로 25.5%였으며, 가장 낮았던 경우는 2010년 영화발전기금으로 4.8%였다. 따라서 가장 보수적으로 판단하더라도 여유자금의 5% 정도는 큰 무리 없이 모태펀드로 출연이 가능한 범위로 볼 수 있고, 일반적으로 10%까지는 가능하리라 추정할 수 있다.

<표 43> 모태펀드 출연 사례별 당시 상황

구분	전체 규모	여유자금	모태펀드 출연액	출연액 비율	
				전체규모 대비	여유자금 대비
2010 영화발전기금	2,842억원	2,309억원(81.3%)	110억원	3.9%	4.8%
2010 방송발전기금	2,662억원	678억원(25.5%)	100억원	3.8%	14.7%
2011 영화발전기금	3,084억원	2,138억원(69.3%)	460억원	14.9%	21.5%
2012 영화발전기금	2,877억원	1,766억원(61.4%)	450억원	15.6%	25.5%

따라서 모태펀드 출연 가능성 상위 등급의 경우 최근 3년간 여유자금 평균액의 10%, 중위 등급의 경우 5%, 하위 등급의 경우 모태펀드로의 기금출연을 하지 않는 다는 기준을 잠정적으로 적용해 볼 수 있다. 이에 따라 2013년 모태펀드 출연 결정액은 2010~2012년 여유자금 평균액에 각 등급별 출연비율을 곱해 산정할 수 있다. 〈표 44〉는 이러한 시뮬레이션의 결과를 보여주는데, 정보통신진흥기금 367억 원, 영화발전기금 207억 원, 방송통신발전기금 152억 원, 관광진흥개발기금 107억 원, 국민체육진흥기금[40] 112억 원을 모태펀드로 출연할 수 있으며, 이를 통해 마련된 2013년 모태펀드 신규출연 총액은 945억 원에 이른다.

---

40) 국민체육진흥기금의 경우 체육진흥투표권, 경정·경륜 수익금을 포함한 출연액 규모

<표 44> 기금별 모태펀드 출연 결정액 산정 사례

구분	3년간 여유자금 평균액	등급별 출연비율	2013년 출연 결정액
영화발전기금	2,071억 원	10%	207억 원
문화예술진흥기금	1,807억 원	0%	0억 원
관광진흥개발기금	1,068억 원	10%	107억 원
국민체육진흥기금	2,235억 원	5%	112억 원
방송통신발전기금	1,520억 원	10%	152억 원
정보통신진흥기금	3,674억 원	10%	367억 원
합계			945억 원

아. 법령 개정

1) 필요성

지금까지 논의한 여러 기금에서 모태펀드 문화계정으로의 출연이 실질적으로 이루어지기 위해서는 관련 법령에서 기금 용도에 대한 개정이 일부 필요하다. 영화발전기금의 경우는 현행 법령 하에서도 모태펀드로의 출연이 가능하고, 방송통신진흥기금과 정보통신진흥기금은 출연 근거가 없는 것이 아니지만 규정을 명확히 하기 위해 부분적인 법령 개정을 고려할 수 있다. 또한 기금 용도에 문화콘텐츠산업 지원에 대한 명시적 규정이 없는 관광진흥개발기금과 국민체육진흥기금(경정·경륜수익금)은 근거 조항 신설이 필수적으로 요구된다. 법률 조문 수정 및 신설을 위해서는 해당 재원의 구체적인 용도가 마련되어야 하는데, 이는 해당 기금과 문화콘텐츠와의 사회문화적 관련성을 근거로 설정할 수 있다. 이를 정리하면 아래 <표 45>와 같다.

<표 45> 기금별 모태펀드 출연 근거조항 수립 필요성과 용도

구분	근거 조항	기금 용도	비고
영화발전기금	불필요	-	
관광진흥개발기금	신설	문화콘텐츠 창작 및 해외유통 지원	한류 콘텐츠를 통한 관광매출 증대
국민체육진흥기금	신설	인재 육성 및 전문인력 양성과 이에 따른 시설 및 장비의 지원	체육진흥투표권, 경정·경륜 수익금
방송통신진흥기금	수정 및 신설	문화콘텐츠 제작·유통 지원	
정보통신진흥기금	수정 및 신설	연구개발 및 인력양성 사업	

2) 관련 법 및 시행령 개정안

(1) 관광진흥개발기금법

관광진흥개발기금을 모태펀드 문화계정으로의 출연 등 문화콘텐츠산업 진흥 용도로 사용하기 위해서는 해당 법령에 근거 규정을 새로 명시하여야 한다. 이를 위해 관광진흥개발기금법을 개정하는 안과 현행 법 조문을 유지하면서 시행령만 개정하는 두 가지 안을 생각해볼 수 있다. 첫째, 관광진흥개발기금법 자체를 개정한다면 기금의 용도를 규정한 5조 3항과 4항에 "문화콘텐츠 창작 및 해외유통 지원사업" 조항을 추가하면 된다. 둘째, 국회를 통한 법안 개정이 곤란하다면 국무회의 의결을 통해 관광진흥개발기금법 5조 3항의10, 4항의 4에 근거한 관광진흥개발기금법 시행령 2조를 개정하는 방법도 생각할 수 있다. 시행령 2조는 대통령령으로 정하는 관광진흥개발기금의 대여 또는 보조사업의 범위를 규정하고 있는데, 여기에 "관광진흥에 기여하는 문화콘텐츠 창작 및 해외유통 사업" 조항을 신설하면 된다. 실제로 시행령 2조3에 "관광진흥에 기여하는 문화예술사업"을 규정하고 있기 때문에 문화콘텐츠 관련 사업 지원조항을 추가하는 것이 완전히 새로운 일은 아니다.

<표 46> 관광진흥개발기금법 개정안

현행	개정안
제5조(기금의 용도) ①~② (생략)	제5조(기금의 용도) ①~② (현행과 같음)
③ 기금은 다음 각 호의 어느 하나에 해당하는 사업에 대여하거나 보조할 수 있다.	③ (좌동)
1. 국외 여행자의 건전한 관광을 위한 교육 및 관광정보의 제공사업	1. (좌동)
2. 국내외 관광안내체계의 개선 및 관광홍보사업	2. (좌동)
3. 관광사업 종사자 및 관계자에 대한 교육훈련사업	3. (좌동)
4. 국민관광 진흥사업 및 외래관광객 유치 지원사업	4. (좌동)
5. 관광상품 개발 및 지원사업	5. (좌동)
6. 관광지·관광단지 및 관광특구에서의 공공 편익시설 설치사업	6. (좌동)
7. 국제회의의 유치 및 개최사업	7. (좌동)
8. 장애인 등 소외계층에 대한 국민관광 복지사업	8. (좌동)
9. 전통관광자원 개발 및 지원사업	9. (좌동)
	10. (신설) 문화콘텐츠 창작 및 해외유통 지원 사업
10. 그 밖에 관광사업의 발전을 위하여 필요한 것으로서 대통령령으로 정하는 사업	11. (좌동)

현행	개정안
④ 기금은 민간자본의 유치를 위하여 필요한 경우 다음 각 호의 어느 하나의 사업이나 투자조합에 출자(出資)할 수 있다. 1. 「관광진흥법」 제2조제6호 및 제7호에 따른 관광지 및 관광단지의 조성사업 2. 「국제회의산업 육성에 관한 법률」 제2조 제3호에 따른 국제회의시설의 건립 및 확충 사업 3. 관광사업에 투자하는 것을 목적으로 하는 투자조합 4. 그 밖에 관광사업의 발전을 위하여 필요한 것으로서 대통령령으로 정하는 사업	④ (좌동) 1. (좌동) 2. (좌동) 3. (좌동) 4. (신설) 문화콘텐츠 창작 및 해외 유통 지원사업 5. (좌동)

<표 47> 관광진흥개발기금법 시행령 개정안

현행	개정안
제2조(대여 또는 보조사업) 법 제5조제3항제10호에서 "대통령령으로 정하는 사업"이란 다음 각 호의 사업을 말한다. 1. 「관광진흥법」 제4조에 따라 여행업을 등록한 자나 같은 법 제5조에 따라 카지노업을 허가받은 자(「관광진흥법 시행령」 제2조제1항제1호가목에 따른 일반여행업을 등록한 자나 「관광진흥법」 제5조에 따라 카지노업을 허가받은 자가 「관광진흥법」 제45조에 따라 설립한 관광협회를 포함한다)의 해외지사 설치 2. 관광사업체 운영의 활성화 3. 관광진흥에 기여하는 문화예술사업 4. 지방자치단체나 「관광진흥법」 제54조제1항 단서에 따른 관광단지개발자 등의 관광지 및 관광단지 조성사업 5. 관광지·관광단지 및 관광특구의 문화·체육시설, 숙박시설, 상가시설로서 관광객 유치를 위하여 특히 필요하다고 문화체육관광부장관이 인정하는 시설의 조성 6. 관광 관련 국제기구의 설치	제2조(대여 또는 보조사업) (좌동) 1. (좌동) 2. (좌동) 3. (좌동) 4. (신설) 관광진흥에 기여하는 문화콘텐츠 창작 및 해외유통 사업 5. (좌동) 6. (좌동) 7. (좌동)

(2) 국민체육진흥법 및 경정·경륜법

국민체육진흥 관련 재원에서 모태펀드로 출연하기 위해서는 체육진흥투표권 수익금 사용처를 규정한 국민체육진흥법 29조와 경정·경륜 수익금 사용처를 규정한 경정·경륜법 18조 내용을 개정할 필요가 있다. 국민체육진흥법은 29조 2항의4에 문화예술 분야로 특정된 것을 문화예술 및 문화콘텐츠 분야로 확장하고, 경정·경륜법은 모태펀드로의 출연 조항을 18조 1항의2로 신설하면 된다. 특히 경정·경륜법은 수익금의 배분 비율을 시행령으로 정하고 있으므로, 법 개정이 실효성을 가지기 위해서는 경정·경륜법 시행령 22조 1의2 마항을 수정하고 바항으로 모태펀드 문화계정 출연액 비중을 명시하는 것이 타당하다.

<표 48> 국민체육진흥법 개정안

현행	개정안
제29조(수익금의 사용) ① 생략	제29조(수익금의 사용) ① (좌동)
② 서울올림픽기념국민체육진흥공단은 제1항에 따라 수탁사업자로부터 넘겨받은 금액에 대하여 문화체육관광부장관의 승인을 받아 다음 각 호의 목적으로 사용하도록 한다.	② (좌동)
1. 대통령령으로 정하는 지방자치단체의 공공체육시설의 개수·보수를 위한 지원. 다만, 개수·보수에 사용되는 총 재원 중 수익금의 지원 비율은 대통령령으로 정한다.	1. (좌동)
2. 기금에 대한 출연	2. (좌동)
3. 체육진흥투표권 발행 대상 운동경기를 주최하는 단체의 지원. 다만, 지원대상사업은 문화체육관광부령으로 정한다.	3. (좌동)
4. 다음 각 목에 해당하는 문화·체육 사업의 지원	4. (좌동)
가. 체육·문화예술 분야의 인재 육성 및 전문인력 양성과 이에 따른 시설 및 장비의 지원	가. (개정) 체육·문화예술·<u>문화콘텐츠</u> 분야의 인재 육성 및 전문인력 양성과 이에 따른 시설 및 장비의 지원
나. 비인기 운동종목 지원 및 문화예술 취약 분야 육성 사업	나. (개정) 비인기 운동종목 지원 및 문화예술·<u>문화콘텐츠</u> 취약 분야 육성 사업
다. 학교운동부 지원·육성 등 학교 체육의 활성화를 위한 사업	다. (좌동)
라. 그 밖에 체육·문화예술 진흥을 위하여 특별히 지원이 필요한 사업	라. (개정) 그 밖에 체육·문화예술·<u>문화콘텐츠</u> 진흥을 위하여 특별히 지원이 필요한 사업

<표 49> 경륜·경정법 개정안

현행	개정안
제18조(수익금의 사용) ①경주사업자는 경주의 시행에 따른 제15조제1항의 수익금을 다음 각 호의 목적으로 사용하여야 한다.	제18조(수익금의 사용) (좌동)
1. 「국민체육진흥법」에 따른 국민체육진흥기금·「청소년기본법」에 따른 청소년육성기금·「문화예술진흥법」에 따른 문화예술진흥기금 및 「중소기업진흥에 관한 법률」에 따른 중소기업창업 및 진흥기금에의 출연. 다만, 「중소기업진흥에 관한 법률」에 따른 중소기업창업 및 진흥기금에의 출연금은 자전거 및 모터보트 산업을 육성하기 위한 용도에 우선 사용하여야 한다.	1. (좌동)
	2. (신설) 「벤처기업육성에관한특별조치법」에 따른 모태펀드 문화계정으로의 출연. 다만, 「벤처기업육성에관한특별조치법」에 따른 모태펀드 문화계정으로의 출연금은 여가선용을 위한 문화콘텐츠의 창작과 유통사업을 지원하기 위한 용도에 우선 사용하여야 한다.
2. 지방 체육진흥 등을 위한 지방재정 확충 지원	3. (좌동)
3. 그 밖에 문화체육관광부령으로 정하는 공익사업	4. (좌동)

* 문화콘텐츠진흥기금에의 출연 근거규정으로 사용할 경우 경륜·경정법 18조 1항을 아래와 같이 개정

> 「국민체육진흥법」에 따른 국민체육진흥기금·「청소년기본법」에 따른 청소년육성기금·「문화예술진흥법」에 따른 문화예술진흥기금·「문화산업진흥기본법」에 따른 문화콘텐츠진흥기금 및 「중소기업진흥에 관한 법률」에 따른 중소기업창업 및 진흥기금에의 출연. 다만, 「중소기업진흥에 관한 법률」에 따른 중소기업창업 및 진흥기금에의 출연금은 자전거 및 모터보트 산업을 육성하기 위한 용도에 우선 사용하여야 한다.

<표 50> 경륜·경정법 시행령 개정안

현행	개정안
제22조(수익금의 사용) ①법 제18조제1항에 따른 수익금의 배분비율은 다음 각 호와 같다. 1. 경주사업자가 지방자치단체인 경우 (생략) 2. 경주사업자가 진흥공단인 경우 　가. 「국민체육진흥법」에 따른 국민체육진흥기금에의 출연에 100분의 40 　나. 「청소년기본법」에 따른 청소년육성기금에의 출연에 100분의 19.5 　다. 지방체육진흥 등을 위한 지방재정에의 지원에 100분의 10 　라. 「중소기업진흥에 관한 법률」에 따른 중소기업창업 및 진흥기금에의 출연에 100분의 4 　마. 「문화예술진흥법」에 따른 문화예술진흥기금에의 출연에 100분의 24.5 　바. 문화체육관광부령으로 정하는 공익사업을 위하여 100분의 2	제22조(수익금의 사용) (좌동) 1. (좌동) 2. (좌동) 　가. (좌동) 　나. (좌동) 　다. (좌동) 　라. (좌동) 　마. 「문화예술진흥법」에 따른 문화예술진흥기금에의 출연에 100분의 19.5 　바. (신설) 「벤처기업육성에관한특별조치법」에 따른 모태펀드 문화계정에의 출연에 100분의 5 　사. (좌동)

* 문화콘텐츠진흥기금에의 출연 근거규정으로 사용할 경우 경륜·경정법 시행령 22조 2의 바항을 아래와 같이 신설

> 바. 「문화산업진흥기본법」에 따른 문화콘텐츠진흥기금에의 출연에 100분의 5

(3) 방송통신발전기본법

　방송통신발전기금은 현행 법령에서도 모태펀드로의 출연이 가능하지만, 재원의 용도가 방송통신콘텐츠 제작·유통에만 국한되는 한계가 있다. 따라서 방송통신발전기금에서 출연된 자금을 전체 문화콘텐츠 제작·유통에 활용할 필요가 있는 경우 이를 법령에 추가하여야 한다. 이를 위해서는 방송통신발전기금의 용도를 규정한 방송통신발전기본법 26조1항6에 문화콘텐츠 전반으로 기금 사용 대상을 확장하는 조항의 추가를 고려할 수 있다. 융자 및 투자재원으로의 지출을 규정한 26조2항에도 문화콘텐츠 항목을 추가하고, 기금사용에 대한 부처 간 협의를 다룬 26조3항에도 문화

체육관광부장관을 추가하여 근거를 명확히 할 필요도 있다.

<표 51> 방송통신발전기본법 개정안

현행	개정안
제26조(기금의 용도) ① 기금은 다음 각 호의 어느 하나에 해당하는 사업에 사용된다. 1. 방송통신에 관한 연구개발 사업 2. 방송통신 관련 표준의 개발, 제정 및 보급 사업 3. 방송통신 관련 인력 양성 사업 4. 방송통신서비스 활성화 및 기반 조성을 위한 사업 5. 공익·공공을 목적으로 운영되는 방송통신 지원 5의2. 「방송광고판매대행 등에 관한 법률」 제22조에 따른 네트워크 지역지상파방송사업자와 중소지상파방송사업자의 공익적 프로그램의 제작 지원 6. 방송통신콘텐츠 제작·유통 지원 7. 시청자가 직접 제작한 방송프로그램 및 미디어 교육 지원 8. 시청자와 이용자의 피해구제 및 권익증진 사업 9. 방송통신광고 발전을 위한 지원 9의2. 「방송광고판매대행 등에 관한 법률」 제23조제7항에 따른 방송광고균형발전위원회 운영 비용 지원 10. 방송통신 소외계층의 방송통신 접근을 위한 지원 11. 방송통신 관련 국제 교류·협력 및 남북 교류·협력 지원 12. 해외 한국어 방송 지원 13. 「전파법」 제7조제1항에 따른 손실보상금 14. 「전파법」 제7조제5항에 따라 반환하는 주파수할당 대가 15. 그 밖에 방송통신 발전에 필요하다고 방송통신위원회가 의결한 사업 ② 방송통신위원회는 기금의 일부를 방송통신의 공공성 제고와 방송통신 진흥 및 시청자 복지를 위하여 융자 및 투자재원으로 활용할 수 있다. ③ 제1항제1호에 관한 사항은 지식경제부장관과 미리 협의하여야 한다.	제26조(기금의 용도) (좌동) 1. (좌동) 2. (좌동) 3. (좌동) 4. (좌동) 5. (좌동) 6. (좌동) 6의2. (신설) 「문화산업진흥기본법」 제2조 4항에 따른 문화콘텐츠 제작·유통 지원 7. (좌동) ② (개정) 방송통신위원회는 기금의 일부를 방송통신의 공공성 제고와 방송통신 진흥 및 시청자 복지, <u>문화콘텐츠 제작·유통을</u> 위하여 융자 및 투자재원으로 활용할 수 있다. ③ (개정) 제1항제1호에 관한 사항은 지식경제부장관, <u>문화체육관광부장관</u>과 미리 협의하여야 한다.

(4) 정보통신산업 진흥법

정보통신기금의 용도가 규정된 정보통신산업 진흥법 44조를 보면, 문화콘텐츠 분야 지원에 대한 근거가 현재로서는 명시적으로 드러나지 않는다. 이는 정보통신의 영역 자체를 명확히 함으로서 해결할 수 있다. 즉 전파방송을 포함한다고 되어 있는 44조 1항1의 '정보통신'의 의미에 문화콘텐츠를 포함하는 것으로 문구를 개정하면, 해당 기금에서 문화콘텐츠 진흥을 위한 모태펀드에의 출연 근거가 자연스럽게 만들어진다. 더불어 문화콘텐츠 진흥을 위해 정보통신기금을 사용할 경우 문화체육관광부 장관과 사전에 협의할 것을 주문하는 규정을 44조1항8에 신설하면, 해당 기금의 집행에 보다 실효성을 갖게 된다.

<표 52> 정보통신산업 진흥법 개정안

현행	개정안
제44조(기금의 용도 등) ① 기금은 진흥계획에 따라 시행되는 다음 각 호의 어느 하나에 해당하는 용도에 사용한다. 1. 정보통신(전파방송을 포함한다. 이하 이 항에서 같다)에 관한 연구개발사업 2. 정보통신 관련 표준의 개발·제정 및 보급사업 3. 정보통신 관련 인력의 양성사업 4. 제1호부터 제3호까지에 규정된 사업 외에 정보통신산업의 기반조성을 위한 사업 5. 삭제 6. 「전파법」 제7조제5항에 따라 반환하는 주파수할당 대가 7. 제1호부터 제4호까지에 규정된 사업의 부대사업	제44조(기금의 용도 등) ① (좌동) 1. (개정) 정보통신(전파방송 및 이를 통해 유통되는 문화콘텐츠를 포함한다. 이하 이 항에서 같다)에 관한 연구개발사업 2. (좌동) 3. (좌동) 4. (좌동) 5. (좌동) 6. (좌동) 7. (좌동) 8. (신설) 기금의 사용 중 문화콘텐츠와 관련된 사항은 문화체육관광부장관과 미리 협의하여야 한다.

자. 〈보론〉 정보통신산업에서 콘텐츠의 중요성과 콘텐츠 지원의 필요성

1) 정보통신산업의 범위

인터넷을 중심으로 한 새로운 변화와 혁신이 정보통신(ICT) 산업 전반에 영향력을 주고 있다.

이에 따라 글로벌 ICT 기업들은 변화에 대응하여 혁신적인 제품과 서비스로 시장점유율을 확대하고 관련 산업의 생태계를 구축하고 있는 중이다. 애플, 구글 등 글로벌 기업의 영향력은 갈수록 확산되고 있다. 애플은 단말기 부문 전문 회사였으나, iOS, Mac OS 등 플랫폼, iPod, iPhone, iPad 등 단말기, iTunes, AppStore 등 콘텐츠까지, 네트워크를 제외한 모든 부문에서 경쟁력을 갖추고 있으며, 다른 기업에 의존하던 서비스 및 제조기술을 수직통합하고 있다. 구글은 광고 및 안드로이드 OS 플랫폼 운영에 고유 수익모델을 가진 기업이었으나, 최근 M&A를 통해 기존의 플랫폼 강화뿐 아니라 YouTube 기능보완을 통한 콘텐츠 강화, 단말기 분야로 영역을 확대하는 등 M&A를 적극적으로 활용하고 있다.

이렇게 주요 기업들을 중심으로 ICT 산업의 범위를 콘텐츠부터 단말기까지 아우르는 하나의 생태계를 만들어내면서, ICT 산업의 범위가 확장되고 있다. ICT 산업은 다양하게 정의된다. 2007년 OECD의 정의에 따르면 ICT 산업은 다음과 같이 정의된다.

<표 53> ICT산업 정의(OECD)

년도	정의	비고
1998	(ICT 제조업) 후보 산업의 상품들은 전송 및 표시를 포함한 정보의 처리 및 통신기능을 실현시킬 목적을 갖거나, 물리적 현상의 탐지, 계측, 저장, 또는 물리적 처리의 제어를 위해 전자적 처리를 이용해야 한다. (ICT 서비스업) 후보 산업의 상품들은 전자적 수단을 통해 정보의 처리 및 통신 기능을 가능하게 해야 한다.	"전자적 처리를 이용"하는 산업이 점점 증가하여 ICT분류의 효용성이 감소되는 문제가 발생하여 개정 시 범위 축소
2007 (개정)	ICT 산업에 포함될 후보 산업의 상품들은 주로 **전자적 수단을 통해 전송 및 표시를 포함한 정보의 처리 및 통신 기능**을 실현시키거나 가능하게 해야 한다.	

한편 OECD는 1997년부터 제기된 콘텐츠 미디어 산업 정의에 대해 2007년 ISIC Rev.4에서 정의 및 분류체계를 발표하였는데, 그 내용은 다음과 같다.

<표 54> 콘텐츠 미디어 산업의 정의(ISIC Rev.4)

"(콘텐츠 미디어 산업)에 포함될 후보 산업의 상품들은 주로 **대중매체를 통해 사람들에게 정보를 제공하거나, 교육 혹은 오락을 제공**할 것을 목적으로 해야 한다. 이 산업들은 **콘텐츠(정보, 문화, 오락 상품)의 생산, 출판, 혹은 배급**에 관련되어야 하며, 이때 콘텐츠는 인간에게 전달할 목적으로 구조화된 메시지이다."

한편 우리나라에서는 주로 한국정보통신진흥협회(KAIT)의 '정보통신 부문 상품 및 서비스 분류체계'에 따라, 통신, 방송, 콘텐츠, 소프트웨어, 정보통신 융합서비스를 모두 ICT 산업으로 포괄하여 정의하고 있다.

<표 55> 정보통신 분류 체계(KAIT)

대분류		중분류
서비스	통신서비스	유선통신서비스 무선통신서비스 회선설비 임대 재판매 및 통신서비스 부가통신서비스
	방송서비스	지상파방송서비스(라디오, TV, 지상파DMB) 유료방송서비스(종합유선방송, 중계유선방송, 위성방송서비스) 프로그램제작공급(방송채널사용사업, 프로그램제작업) 기타방송서비스
	방송통신융합서비스	IPTV 서비스 유무선통합서비스(FMC) 유무선 콘텐츠
기기	통신기기	유선통신기기 무선통신기기
	방송기기	방송용 송수신기 방송국용 기기 셋톱박스 방송용기기 부분품 방송용 가전

따라서 국내외를 막론하고 ICT 산업은 이제 콘텐츠(C) - 플랫폼(P) - 네트워크(N) - 터미널(T)에 이르는 가치사슬의 전 측면을 포괄하는 방향으로 진화하고 있다. 이는 기존에 콘텐츠, 네트워크, 터미널 등이 각각 폐쇄적인 영역에서 운영되던 것과는 크게 변화된 상황이다.

<표 56> 기관별 ICT산업 정의

구분	KAIT	OECD
분류	기기와 서비스로 분류	제조업과 서비스업으로 분류
통신	포함	포함
방송	포함	콘텐츠 미디어 산업으로 별도 분류
콘텐츠	포함	
소프트웨어	포함	포함

더욱이 ICT산업은 국가경제에 핵심적인 역할을 수행한다. 우리나라 경제는 2000년부터 2010년까지 실질 GDP 기준으로 4.59% 평균성장을 기록, 같은 기간 동안 GDP 성장률 및 타산업 성장률보다 ICT 성장률이 월등하게 높아, ICT 산업이 우리나라 경제의 지속적인 성장을 견인한 핵심 산업임을 보여주고 있다.

<표 57> 국내 GDP 및 ICT 산업 성장 추이

구성	2000	2005	2008	2010
GDP 성장률(%)	9.3	4.2	2.2	6.2
ICT 성장률(%)	35.8	13.5	6.4	13.7
Non-ICT 성장률(%)	5.7	2.8	2.0	5.4
기여도(%)	4.4	1.9	0.5	1.1
GDP 비중(%)	15.1	15.0	9.9	8.6

출처 : 조병선, 방송통신산업의 구조변화에 따른 정책적 시사점, 전자통신동향분석, 2011 (한국은행 자료 발췌 분석)

그러므로 ICT 산업 진흥과 발전을 위해 재정적인 지원책을 마련하는 것이 중요하다. 특히 ICT 산업에서 상대적으로 취약한 콘텐츠에 대한 지원은 ICT 산업 발전에 필수적이다.

2) 미디어/콘텐츠의 변화

스마트 미디어 환경의 도래로 인해 미디어, 콘텐츠의 공급과 이용에 커다란 변화가 나타나고 있다.

첫째, 정보이용과 소통방식의 변화 및 스마트 디바이스 사용이 증가하고 있다. 스마트폰과 태블릿PC 등의 확산과 무선 데이터 이용요금의 부담이 감소하면서 대용량 멀티미디어 서비스, SNS 등의 데이터 사용이 증가하고 있다. 따라서 SMS의 사용은 감소하고 모바일 메신저 사용이 폭발적으로 증가하면서 단말기, 통신사, 포털업체들의 모바일 메신저 시장 진입이 대폭 증가하였다. 그 결과 스마트폰 증가로 인해 무선랜, 모바일 인터넷 사용률은 급속히 증가하고 있다.[41]

둘째, 스마트폰을 통한 개인화되고 편익추구형 라이프스타일을 추구하는 경향이 증가한다. 음성과 문자중심의 이동전화는 스마트폰의 등장으로 일반인들의 생활 방식에 변화를 가져오고, 스마트 디바이스(스마트폰, 태블릿PC, 스마트TV, 스마트워크 등)를 통해 이용자의 가치와 편의를 증진하고 있다. 원하는 정보를 언제 어디서나 검색할 수 있고 생활밀착형 App, 일정관리 등 사용자가 필요로 하는 다양한 app을 활용하여 생활이 편리해지는 것이다. 또한 스마트폰을 통해 SNS에 쉽게 접속하여 수많은 사람들과 빠르게 소통하면서 사회적 이슈 등의 전파와 소통이 쉽고 빨라지는 현

---

41) 국내 무선랜 사용률이 '09년 9.2%에서 '10년 16.4%로 약 2배 증가, 스마트폰 사용률도 '09년 2.6%에서 '10년 8/3%로 약 3배 증가

상이 나타나고 있다.

셋째, 미디어 소비가 자유롭고 보다 개인화된다. 다매체 디지털화로 인터넷이나 모바일 플랫폼에서 미디어를 소비하는 경향이 늘고 있다. 시청자들은 점차 스마트폰, PMP, 노트북, 태블릿PC 등 개인화된 모바일 기기로 TV 프로그램을 보는 경향이 심화되고 있다. 방송 프로그램을 능동적으로 찾아, 시청 행태의 시간적 자율성을 확보하는 것이다. 여기에 스마트TV의 보급은 실시간 프로그램을 손쉽게 녹화해 언제든지 볼 수 있는 개인용 비디오 녹화(PVR) 추세를 가속화하고 lean forward 모드를 확산시킨다. 따라서 미디어의 이 같은 변화는 ICT 산업의 C-P-N-T 가치사슬 측면에서 다음과 같은 의미를 가지고 있다.

<표 58> 미디어 변화에 따른 가치사슬별 의미

가치사슬 단계	변화의 의미
콘텐츠	- 전통적인 미디어의 영향력이 약해지고 사용자의 뉴미디어 사용 증대로 인해 인터넷 기반의 미디어 산업 출현 - 콘텐츠 유통 채널 다변화로 사용자의 콘텐츠 접근성이 확대되어 콘텐츠 중요성 증가
플랫폼	- 사용자들이 단말에 구애받지 않는 동기화된 서비스 및 사용자 경험에 대한 욕구 증대로 클라우드 컴퓨팅 중요성 야기 - SNS 및 모바일메신저의 초고속 성장은 서비스 플랫폼으로의 변화를 촉진
네트워크	- 사용자가 이동 중에 무선 데이터 서비스를 사용하는데 있어 불편함이 없도록 통신 환경 구축 필요(Wi-Fi확대, 4G/LTE)
단말기	- 사용자의 스마트 디바이스를 통한 미디어 사용 확대로 인한 단말 시장 확대 - 사용자 인터페이스 및 사용자 경험을 더욱 증대시킬 수 있는 단말기의 발전

이는 ICT 산업이 콘텐츠, 플랫폼, 네트워크, 단말기가 서로 연동되어 맞물려서 진행되는 형태를 띠는 것을 의미한다. 다시 말해서 이제는 ICT 산업이 독점적이고 폐쇄적인 형태를 띠지 않고, 콘텐츠 및 서비스 사업자, 미디어 사업자, 통신사업자, 단말 제조사 등이 주요 플레이어로서 상호 보완 관계를 갖는 구조로 변화하고 있다.

이러한 구조에서 콘텐츠와 플랫폼의 역할은 대단히 중요해진다. 디지털 컨버전스로 아날로그의 독점적 인프라에서 산업간 장벽이 허물어지면서 플랫폼간의 배타적인 차별성이 줄어들면서 콘텐츠가 차별적인 가치를 제공하는 핵심이 되고 있는 것이다. 스마트 디바이스의 대중화, IPTV 및 웹TV 등이 확대되면서 콘텐츠의 중요성과 수요가 더욱 증대되어 국내외 사업자들의 콘텐츠 유료화가 가속화되는 등 콘텐츠 산업의 지형 변화가 나타나고 있는 것은 필연적이다. 그러므로 이러한 변화를 콘텐츠와 플랫폼의 관계에서 다음과 같이 정리할 수 있다.

<표 59> 융합시대 콘텐츠와 플랫폼의 변화

변화	내용
1. 플랫폼/콘텐츠 사업자 의 관계	- 플랫폼 사업자들이 분산된 서비스들을 클라우드 기반으로 통합하며 개방형 생태계 구축 - 다양한 산업 간 협력이 중요 - 플랫폼과 콘텐츠/서비스 공급자와의 관계는 수평적으로 변화
2. 새로운 콘텐츠 생산, 유통, 소비 체제	- 오픈 플랫폼을 통한 콘텐츠 시장 확대 - 스마트TV로 인한 미디어/콘텐츠 시장 변화 - 광고비 지출 패턴 변화

여기에서 새로운 콘텐츠 생산, 유통, 소비 체제를 자세히 살펴보자. 먼저 오픈 플랫폼과 콘텐츠 시장 확대를 들 수 있다. 방송통신 융합 환경에서의 콘텐츠 제작, 유통, 소비는 기존의 방식에서 벗어나 보다 자유로운 오픈 플랫폼으로의 패러다임으로 단계적으로 변화한다. 미디어 빅뱅 시대는 대형 제작사의 거대 마케팅에 의해 주도되는 대량 소비 외에도 양질의 콘텐츠가 보다 다양한 통로로 유통되는 기회를 제공하여 중소 독립 제작사에게도 새로운 비즈니스 기회를 제공할 것으로 전망된다. 보다 다양해진 시장의 미디어 소비는 콘텐츠 제작에 새로운 활력을 불어 넣어 콘텐츠 제작-유통-방영의 가치사슬에 선순환을 촉진시킬 것이다. 따라서 콘텐츠 시장은 궁극적으로는 수평적 결합을 통해 시장 지배력을 확대하려는 대기업들의 경쟁 공간이 될 가능성이 높다. SNS와 같은 신규 서비스의 개발이나 새로운 패러다임 변화를 야기할 수 있는 서비스 등이 개발된다면 기존 시장의 확대를 통해 미디어와 콘텐츠 시장의 규모는 계속적으로 성장할 전망이다.

둘째, 스마트TV로 인한 미디어/콘텐츠 시장 변화를 들 수 있다. 산업측면에서는 폐쇄적인 방송의 진입장벽이 무너지면서 오픈형 모델 수용 및 융합서비스의 산업의 촉진이 활발하게 진행될 전망이다. 물론 당장 스마트TV가 확산되지는 않을 것이다. 스마트 TV는 스마트폰과는 달리 보급 속도가 더디며 기존 방송 서비스에 익숙해진 시청자의 변화, 양질의 콘텐츠 확보, 제한된 광고시장에서의 경쟁 등의 문제를 극복한 후 향후 4-5년 후에나 그 성패가 결정될 것으로 보인다. 그러나 향후 TV는 스마트 홈의 중추 역할을 하며 각종 가정의 기기들이 연결되어 TV를 사용하여 모니터링, 제어 및 가정 내 일상생활의 솔루션을 제공하는 중심이 될 것이다. 따라서 다양한 주체들이 제공하는 TV 앱 스토어가 확산되면서 누구나 직접 콘텐츠나 서비스의 제공자와 이용자가 될 수 있는 환경이 조성되는 것이다. 스마트TV 사업자들은 특히 TV사업자, 영화 제작사 및 방송프로그램 권리를 보유한 콘텐츠 제공업체와의 협력관계가 필수적이다. 특히 TV 앱은 탑재 OS간 호환이 불가능해 스마트TV 사업자 간에 콘텐츠 확보 경쟁이 치열할 전망이다.

셋째, 전통적인 미디어로부터 온라인이나 모바일 미디어로의 소비 지출이 증가하면서 광고비 지출 패턴이 변화하게 된다. 사용자들이 전통적인 미디어에서 벗어나 온라인 또는 모바일 환경에서 미디어를 소비함에 따라 광고 전략이 변화할 것이다. 2011년 온라인 광고 매출의 6.9%가 SNS에서 발생하였는데, 2013년에는 9.4%로 성장하여 세계 SNS 광고 매출이 2년 내에 100억 달러 규모로 성장할 것으로 예측된다(eMarketer).[42] 따라서 이제 ICT 산업에서 콘텐츠가 차지하는 비중이 높고, 그 경향은 지속될 것이라는데 이의를 제기하는 사람은 없다.

3) 콘텐츠 육성 필요성

그러나 ICT에서 콘텐츠가 차지하는 비중에 비해 콘텐츠 산업 진흥에 필요한 기금은 부족하다. 무엇보다도 글로벌 사업자를 대상으로 비즈니스를 적극적으로 할 수 있는 전문 비즈니스 인력(콘텐츠 등) 양성이 필요하다. 특히 콘텐츠 산업은 기획과 창작, 기술과 비즈니스 역량을 겸비한 고급 인력이 부족한 실정이다. 여기에 콘텐츠 창작을 위한 교육 및 장비 지원, 애플리케이션 개발자 교육을 대학생에서 초, 중고생으로 확대하는 등 콘텐츠 창작자를 육성하기 위한 지원 등이 매우 필요한 시점이다.

더욱이 지금은 우리가 콘텐츠를 한 단계 도약시킬 절호의 기회를 맞고 있다. 드라마에서 출발한 한류는 게임, 음악 등 콘텐츠 부문에서 영역을 확대하고 있을 뿐 아니라, 아시아에서 유럽, 중남미로 그 영향을 미치는 지역이 확대되고 있다. 이러한 확산에 소셜 미디어의 역할이 커다란 것은 널리 알려져 있다. ICT와 콘텐츠의 결합이 새로운 문화 현상을 낳는 것이다. 더욱이 최근에는 콘텐츠뿐 아니라 국내 스태프와 대중문화 인프라가 아시아 시장으로 진출하는 등 콘텐츠로 해외 시장 개척 후, 제작 노하우와 스태프, 문화 인프라까지 수출하는 진화과정을 밟고 있다.

무엇보다도 ICT 산업의 중심이 웹 기반의 소프트웨어, 즉 웹플랫폼과 콘텐츠로 옮겨가고 있는 상황이므로, 기존의 ICT와 콘텐츠 분야의 다양한 협력이 절실한 시점이다. 그러므로 콘텐츠 산업 진흥을 위해 ICT측 재원인 방송통신발전기금과 정보통신진흥기금 지원이 요청된다.

방송통신발전기금은 방송통신의 진흥을 지원하기 위해 2010년 '방송통신발전기본법'에 근거 조항이 있는데, 방송통신발전기금 용도 가운데 '방송(통신)콘텐츠 제작 및 유통'이 명시되어 있다. 그러나 방송통신발전기금은 방송콘텐츠의 제작 및 유통뿐만 아니라 영화, 게임/캐릭터, 음악 등 방송 이외의 콘텐츠 제작 및 유통에도 지원할 수 있어야 한다. 왜냐하면 융복화로 인해서 방송 플랫폼에서도 영화, 게임, 음원의 유통이 자유롭고, 이들 콘텐츠와 방송 플랫폼 발전의 연관성도 높기 때문이다.

정보통신진흥기금은 정보통신의 진흥을 지원하기 위해 '정보통신산업 진흥법'에 근거하여 2005년 설치되었는데, 실제로는 1993년 '정보통신연구개발에 관한 법률'에 의해 처음 설치된 것이 1996년 정보화촉진기금으로 명칭이 바뀌었다가 2005년 정보통신부가 분리 발전시켜 정보통신진흥기금으로 재탄생한 것이다. 정보통신진흥기금이 IT/SW 분야 진흥을 주목적으로 하고 있으므로, 정보

---

[42] 세계적으로 SNS를 활용한 광고 매출은 55억 4천만 달러이며 2013년에 미국을 제외한 국가에서 SNS 광고 매출이 올해보다 51.9% 성장해 세계적으로는 100억 달러에 이르게 될 것으로 예측

통신진흥기금의 일부를 콘텐츠산업에 출연하는 것은 목적 연관성 측면에서 타당하다. ICT 중에서 소프트웨어와 콘텐츠의 중요성이 강조되는 시점에 정보통신진흥기금을 현재보다 더욱 큰 규모로 콘텐츠의 제작 및 유통에 지원하는 것이 바람직하다.

2. 콘텐츠사업자에게 부담금 부과

가. 부담금 부과 절차[43]

(1) 부담금 관리 제도

부담금은 특정 공익사업과 밀접하게 관련된 자에게 해당 사업의 수행에 필요한 재원을 확보하기 위해 부담금관리기본법 및 각 법률이 정하는 바에 따라 부과하고 있으며, 부담자가 공공사업을 필요로 하게 하는 원인을 제공하거나 특정사업으로부터 편익을 얻게 되는 경우 등에 부과된다.

부담금관리기본법 제2조에서는 부담금을 "중앙행정기관의 장, 지방자치단체의 장, 행정권한을 위탁받은 공공단체 또는 법인의 장 등 법률에 따라 금전적 부담의 부과권한을 부여받은 자가 분담금, 부과금, 기여금, 그 밖의 명칭에도 불구하고 재화 또는 용역의 제공과 관계없이 특정 공익사업과 관련하여 법률에서 정하는 바에 따라 부과하는 조세외의 금전지급의무"라고 정의하고 있다.

이러한 부담금의 개념에는, 부담금이 일반 재정수요보다는 특정사업을 위한 경비에 충당[44]되고, 특정한 사업과 이해관계를 가지는 자에 대한 「특별한 재정책임」[45]이라는 특징을 가지고 있다. 여기서 특별한 재정책임이라는 것은 부담금은 부담금 부과대상자의 범위와 부담금 징수목적 사이에 밀접한 관계가 있어서 부담금을 납부할 의무를 지는 집단이 다른 집단 또는 일반적 납세의무자보다 징수목적에 대해 명백한 상관관계가 있어야 함을 뜻한다.

정부는 장기적으로 무분별한 부담금의 신설이나 증설을 억제하고 부담금 부과·징수와 운영의 투명성을 높이기 위해 「부담금관리기본법」을 제정하였으며, 이에 따라 부담금 신·증설시 심사, 부담금운용종합보고서의 작성, 지속적인 부담금운용평가 등이 제도화되었다. 부담금관리기본법은 2001년 12월 31일 공포되어 2002년 1월 1일부터 시행되었고 부담금의 설치, 관리 및 운용에 관한 기본적인 사항을 규정하여 공정성과 투명성을 확보하고 이를 통해 국민의 부담을 최소화하고 기업의 경제활동을 촉진하도록 하고 있다.

---

43) 이 절은 기획재정부(2010), 『2010 부담금운용종합보고서』의 내용을 정리한 것임
44) 일반적 재정충당과 달리 정책적 또는 유도적·조정적 기능을 가져야 한다.
45) 부담금납부의무자는 징수목적과 특별한 실체적 관련성이 있어야 한다.

(2) 부담금 산중설 절차

부담금으로 인한 국민과 기업의 부담을 감소시키고 조성된 재원을 부과목적에 적합하게 사용하도록 하기 위해서는, 기존 부담금의 통합폐지 등 부담금 정비와 아울러 신규 부담금의 설치 및 부과대상 확대 등에 대한 엄격한 통제, 부담금 운용내역에 관한 투명한 공개 등이 필요하다.

이를 위해 「부담금관리기본법」은 부담금 산·중설시 심사(제6조), 부담금운용종합보고서의 작성 및 국회 제출(제7조), 부담금운용평가 제도(제8조)를 규정하고 있다.

(3) 부담금 신·중설시 심사

부담금관리기본법 제6조에 의하면, 부담금을 신설(부과대상을 확대하는 경우와 부담금의 부과요율을 인상하는 경우 포함)하고자 하는 중앙행정기관의 장은 해당 법령안을 입법예고하거나 해당 중앙행정기관의 장이 정하기 전에 기획재정부장관에게 부담금 신설의 타당성에 관한 심사를 요청하여야 하며, 기획재정부장관은 민간전문가 등으로 구성된 부담금운용심의위원회로 하여금 이를 심의하도록 규정하고 있다. 이는 부담금 신설시 전문적이고 객관적인 심의를 거치도록 하여 불합리한 국민부담 증가를 억제하기 위한 것이다.

부담금관리기본법은 부담금 신설시의 심사기준으로 첫째, 부담금을 신설할 명확한 목적이 있을 것, 둘째, 부담금의 부과요건 등이 구체적이고 명확하게 규정되어 있을 것, 셋째, 부담금 재원조성의 필요성과 사용목적의 공정성 및 투명성을 각각 갖추었을 것, 넷째, 기존의 부담금과 중복되지 않을 것, 다섯째, 부담금의 부과가 조세보다 적절할 것, 여섯째, 부담금의 존속기한이 목적을 달성하기 위하여 필요한 최소한의 기간으로 설정되어 있을 것(다만, 그 부담금을 계속 존속시켜야 할 명백한 사유가 있는 경우에는 그러하지 아니함) 등을 규정하고 있다.

또한 각 중앙행정기관의 장이 부담금 산중설 심사 요청시 제출해야 하는 '부담금의 신설에 관한 계획서(이하 계획서)'에는 계획서의 내용이 심사 기준에 부합하는지에 대한 부담금 신설 목적 및 그 필요성, 부과 및 징수주체, 부과요건, 징수액의 사용목적 등 부담금의 세부내용뿐 만 아니라 자체 심사결과 등도 포함하도록 하여 실질적인 부담금 심사가 가능하도록 하고 있다.

부담금 산중설에 대한 심사절차는, 부담금을 산중설하고자 하는 중앙행정기관의 장이 자체심사를 거쳐 해당 법령안을 입법예고하거나 해당 중앙행정기관의 장이 정하기 전에 기획재정부장관에게 심사 요청을 하면, 제출된 계획서를 바탕으로 부담금운용심의위원회의 엄격한 심사를 거치게 된다. 심사결과, 부담금의 신설이 심사기준에 부합하지 아니하다고 인정되는 경우에는, 기획재정부장관은 법에 따라 계획서를 제출한 중앙행정기관의 장에게 계획서의 재검토 또는 수정을 요청할 수 있다.

[그림 5] 부담금 신·증설시 심의절차

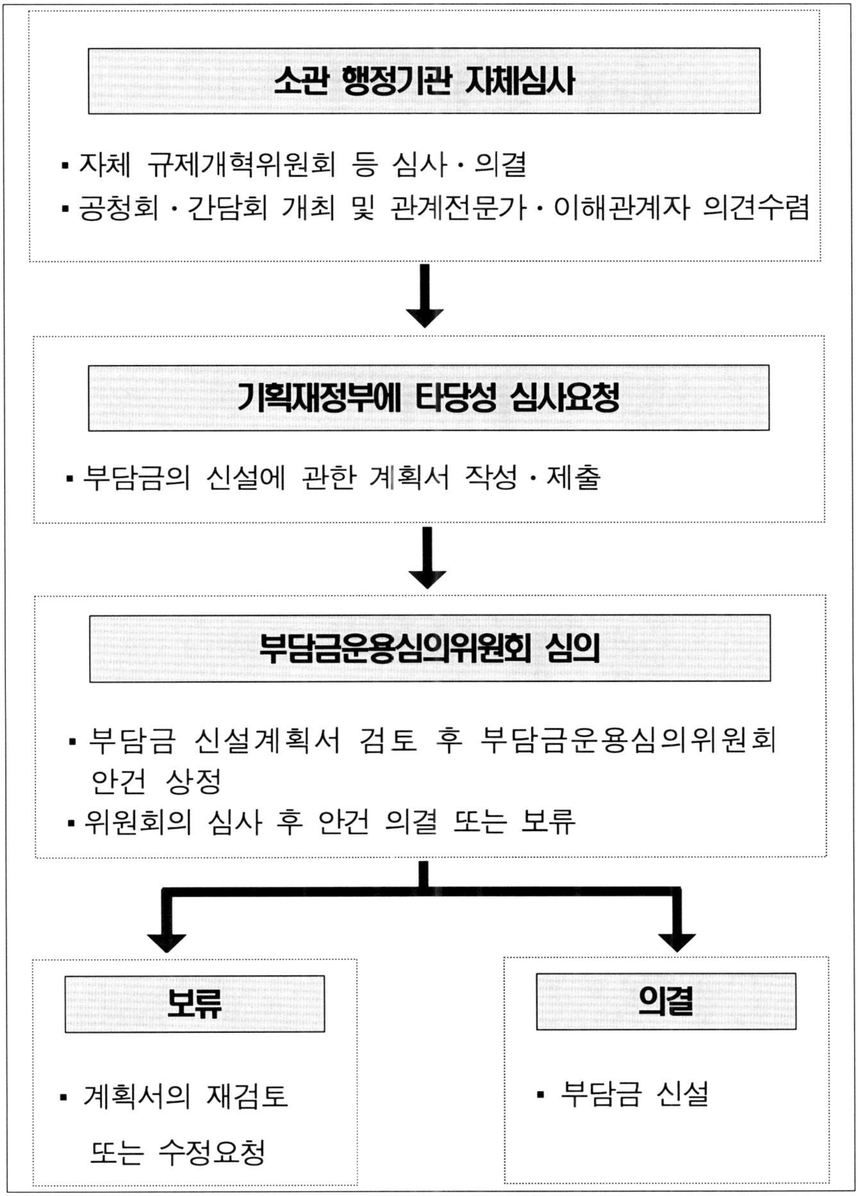

소관 행정기관 자체심사

- 자체 규제개혁위원회 등 심사·의결
- 공청회·간담회 개최 및 관계전문가·이해관계자 의견수렴

↓

기획재정부에 타당성 심사요청

- 부담금의 신설에 관한 계획서 작성·제출

↓

부담금운용심의위원회 심의

- 부담금 신설계획서 검토 후 부담금운용심의위원회 안건 상정
- 위원회의 심사 후 안건 의결 또는 보류

↓   ↓

보류

- 계획서의 재검토 또는 수정요청

의결

- 부담금 신설

출처 : 기획재정부(2010), 『2010 부담금운용종합보고서』, 17쪽

부담금운용심의위원회는 기획재정부 제2차관을 위원장으로 하고 행정안전부·기획재정부 및 국무총리실과, 위원회에 안건으로 회부된 부담금의 소관 중앙행정기관의 고위공무원단에 속하는 일반직공무원 중에서 해당기관의 장이 지명하는 자와 학식과 경험이 풍부한 자 중에서 기획재정부장관이 위촉하는 임기 2년인 10인 이내의 민간위원으로 구성된다.

부담금운용심의위원회는 부담금 신설뿐만 아니라 부담금운용평가단의 부담금 평가결과 및 제도개선 요청사항, 위원장이 부의하는 사항 등과 같은 부담금에 관한 주요정책과 그 운용방향 등을 심의한다.

부담금운용심의위원회의 회의는 재적위원 과반수의 출석으로 개의하고 출석위원 과반수의 찬성으로 의결하며, 안건의 심의를 위해 필요하다고 인정되는 때에는 관계 공무원 및 해당 분야의 전문가를 참석하게 하여 의견을 청취할 수 있다.

(3) 부담금운용 평가

부담금관리기본법 제8조에서는 부담금운용의 적정을 기하기 위하여 각 부담금의 부과목적·부과실태 및 부과절차의 공정성 등을 지속적으로 점검·평가하도록 하였고, 평가결과 부담금운용이 적정하지 않은 경우에는 소관 중앙행정기관의 장에게 당해 부담금의 폐지 등을 위한 제도개선을 요청할 수 있도록 하였다. 이러한 제도개선 요청을 받은 중앙행정기관의 장은 특별한 사유가 없는 한 부담금의 폐지 등을 위한 법령 개정방안, 부담금을 대체할 수 있는 제도의 신설 등 대책을 마련하여 기획재정부장관과 협의하여야 한다.

또한, 기획재정부장관은 부담금운용실태를 점검·평가하고 부담금 제도에 관한 전문적·기술적인 연구를 하거나 자문을 구하기 위하여 '부담금운용평가단(이하 평가단)'을 운영할 수 있도록 하고 있다.

평가단은 재정분야에 관한 전문적인 지식이 있는 조교수 이상의 대학교수, 연구기관에 소속된 박사학위 소지자로서 재정에 관한 전문지식이 있는 자, 5년 이상의 실무경험이 있는 공인회계사·변호사 및 조세·금융업무에 관한 전문가, 그 밖에 재정업무에 관한 전문지식과 경험이 풍부하다고 인정되는 자 중에서 기획재정부장관이 위촉한 30인 이내의 위원으로 구성된다.

이에 따라 지난 2003년 3월 평가단이 최초로 구성되어 부담금운용평가가 시행되었으며, 개별 부담금 및 부담금 관리제도, 부담금 전반에 걸친 제도 개선방안에 대해 검토하였다. 평가결과, 부실채권정리기금 출연금 등 당초 정책목적을 이미 달성했거나 구체적인 부과기준이 없고 향후 부과 가능성이 낮은 부담금에 대해 폐지 또는 정비를 건의하였으며, 부담금 관리대상에 포함되지 않았던 방송발전기금징수금 등 6개 부담금을 부담금관리기본법 관리대상에 포함시켰고, 부담금에 관한 중장기적 정책방향으로 한시적 부담금에 대해서 일몰제를 적용하도록 건의했다.

2006년에는 6인의 민간전문가로 구성된 평가단이 부담금 제도개선방안 등을 검토하였고, 평가단의 검토사항을 바탕으로 관계부처 협의를 거쳐 10개 부담금 폐지를 포함하는 19개 부담금의 정비방안을 마련하였다. "2006년 부담금정비방안"에 대한 추진결과, 19개 정비 대상 부담금 중 14개 부담금에 대해 폐지 등 정비가 이루어진 바 있다.

2009년에는 10인의 평가단이 환경, 건설, 해양, 산업·금융, 기타 분야 등 5개 분야의 팀을 구성하여 부담금 통·폐합, 제도개선, 법령정비 등을 건의하였다. 평가단의 평가결과를 바탕으로 제도개선을 추진한 결과, 부대공사비용부담금, 항만시설손괴자부담금을 폐지하고, 8개의 예치금보증금을 관리대상에서 제외하였다. 이러한 내용을 반영한 부담금관리기본법 개정법률이 2010년 3월 31일 시행되었다.

2010년에는 건설, 환경(원인자 부담금 등 3개), 에너지(집단에너지 공급시설 건설비용 부담금), 기타 분야 등에 대하여 평가를 실시하고, 존치실익이 미흡한 부담금 정비, 부담금 산정기준 및 사용용도 합리화, 납부자 권익보호 강화 등 평가단의 평가결과에 따라 부담금 개선방안을 마련하고 제도 개선을 추진 중에 있다.

나. 콘텐츠 사업자 부담금 신설

(1) 콘텐츠 사업자 부담금 신설 방안

여기서는 콘텐츠 사업자 부담금을 신설하는 방안을 '부담금관리기본법' 6조의 신설시 심사 기준을 중심으로 정리하면 다음 <표 60>과 같다. 콘텐츠 부담금의 신설 목적은 모태펀드 문화계정의 재원을 확충하기 위함이다. 콘텐츠 부담금은 콘텐츠 사업자 중 매출액 300억 이상이 대기업의 매출액의 0.5%이하로 정하고, 상세 내역은 시행령에서 규정한다. 뒤에서 예시한 바에 의하면 문화계정의 재원 확충을 위해서는 매출액의 0.20% 정도 부과하면 된다.[46] 부담금 조성의 필요성은 콘텐츠 제작에 필요한 투자 자금의 조성을 지원하는 모태펀드의 기금이 고갈되고 있기 때문이다. 이 부담금은 기존의 부담금과 중복되지 않는다.

콘텐츠부담금의 부과는 조세보다 적절하다. 왜냐하면 콘텐츠 대기업으로부터 부담금을 징수하여 콘텐츠 제작에 투입할 필요가 있는데, 조세를 통해서 이를 달성하기는 어렵기 때문이다. 콘텐츠 부담금의 존속기간은 5년으로 설정하는데, 이유는 모태펀드 문화계정에서 필요한 재원이 5년 이후에는 투자후 회수되는 금액으로 충당할 수 있을 것으로 예상되기 때문이다. 아래에서는 부과금의 부과요건에 대한 설명과 부담금의 부과가 조세보다 적절한 이유에 대한 설명을 추가한다.

---

46) 부과 요건에 대한 설명은 길기 때문에 아래에 별도의 소절에서 부연 설명한다.

<표 60> 부담금 신설 심의 기준으로 본 콘텐츠 부담금

부담금의 신설 심의 기준 (부담금 관리기본법 6조)	콘텐츠 부담금의 경우
1. 부담금을 신설할 명확한 목적이 있을 것	모태펀드 문화계정 재원
2. 부담금의 부과요건 등이 구체적이고 명확하게 규정되어 있을 것	콘텐츠 사업자 중 매출액 300억 이상인 대기업 전년도 매출액의 0.5%이하
3. 부담금의 재원 조성의 필요성과 사용목적의 공정성 및 투명성을 각각 갖추었을 것	콘텐츠 제작에 필요한 투자 자금의 조성을 지원하는 모태펀드의 기금의 고갈
4. 기존의 부담금과 중복되지 아니할 것	중복되지 않음
5. 부담금의 부과가 조세보다 적절할 것	콘텐츠 대기업으로부터 부담금을 징수하여 콘텐츠 제작에 투입할 필요가 있는데, 조세를 통해서 이를 달성하기는 어려움
6. 부담금의 존속기한이 목적을 달성하기 위하여 필요한 최소한의 기간으로 설정되어 있을 것	모태펀드 문화계정에서 필요한 재원을 충족하기 위해서 향후 5년간 존속

(2) 콘텐츠 부담금이 조세보다 적절한 이유

대기업으로부터 부담금을 징수하여 콘텐츠 제작에 투입할 필요를 설명하기 위해서는 콘텐츠 산업의 유통 구조를 살펴볼 필요가 있다. 콘텐츠 산업의 구조는 중소형 사업자가 주로 제작을 담당하고 몇 개의 대형 사업자가 콘텐츠를 유통하는 구조를 가지고 있다. 이 과정에서 대형 사업자가 수요 과점의 우월적 지위를 이용하여 콘텐츠 제작자의 마진을 압착하고 있다. 소비자가 지불하는 가격의 50% 이상을 콘텐츠 유통사가 가져가는 경우가 대부분이고 이에 대한 자세한 내용은 아래에 정리하였다.

이에 따라서 콘텐츠 제작자들이 자본을 축적하여 대형사업자로 성장할 수 있는 기회를 박탈당하고 있으며, 방송제작사를 비롯한 일부 콘텐츠 사업자는 원가에 미달하는 납품가를 받음으로써 만성적인 적자를 보이고 있다. 물론 일부 대형 유통사는 제작을 겸하기도 하고 있고, 게임의 경우 제작사가 유통사로 성장한 사례도 있다. 따라서 대형 콘텐츠 사업자로부터 부담금을 징수하여 콘텐츠 제작에 투입하는 것은 이 산업의 선순환 구조의 정착에 도움을 주고 제작을 활성화시켜 고용을 늘리고 한류를 확산시키는 데 큰 도움을 줄 수 있을 것이다.

(3) 보론 : 콘텐츠 제작사와 유통사의 수익 배분

한국에서는 대부분의 콘텐츠 유통시장에서 제작자보다는 유통사들이 우월적 지위를 보유하고 있어서, 콘텐츠 수익 배분구조가 유통사들에게 유리하게 형성되고 있다. 다만 게임 퍼블리셔는 게임을 유통하기 위해서 지속적으로 게임 제작사의 지원이 필요하므로, 게임 수익의 배분 구조는 제작사와 퍼블리셔간에 적정하게 이루어지고 있는 것으로 판단된다.

① 영화산업의 수익 배분 구조

영화산업의 수익 배분 원리는 엔터테인먼트 각 분야 중 제일 투명한 편이다. 한국영화의 경우 입장료 수입 중 제일 먼저 극장측이 절반을 떼어가고 나머지 절반을 투자사와 제작사가 나눈다. 나머지 절반 중 일단 먼저 투자자에게 원금을 회수하고 그 나머지 수익을 투자사와 제작사가 보통 6대4로 나눈다. 제작비를 0으로 놓고 영화발전기금과 각종 비용을 뺀 1인당 티켓 가격이 6000원이라고 했을 때 3000원은 극장이 갖고 나머지 3000원 중에서 1800원을 투자사가, 1200원을 제작사가 챙기는 셈이다. 총 제작비 50억 원의 영화가 500만 명을 동원했을 때 총 매출은 6000(원)×500만(명)=300억 원이다. 300억 원 중 150억 원은 극장 몫이고 투자사는 원금 50억 원과 순수익(150억-50억=100억 원) 중 60%인 60억 원을 더해 총 110억 원을 챙긴다. 나머지 40억 원이 제작사의 몫이다. 하지만 문제는 한국영화 대부분이 손실을 낸다는 데서 발생한다. 50억 원짜리 영화가 50만 명밖에 동원하지 못하면 극장은 총 매출 30억 원 중에서 15억 원을 가져가지만 투자사는 나머지 15억 원을 챙겨도 무려 35억 원이 손해다. 문제는 한국영화에만 불리하게 적용되는 극장 비율에도 있다. 외화는 배급사와 극장이 수입을 나누는 비율이 6대4다. 한국영화 5대5보다 영화사에 훨씬 유리하다. 한국영화 제작자들이 불만을 쏟아내는 대목이다. 또 보통 투자사와 제작사의 수익 배분 비율이 6대4지만 계약에 따라 7대3이나 8대2로 조정되기도 한다. 영화계에서 가장 강자는 극장이고, 두 번째가 투자사이며, 제일 약자가 한국영화 제작사다. 한국영화제작가협회는 극장의 불공정 행위를 근절시킬 것을 요구하고 있다.47)

② 음악산업의 수익 배분 구조

가요는 영화보다 수익 배분 모델이 좀더 복잡하고 수익원이 훨씬 다양하다. 하지만 가요시장에서 가장 큰 수익원으로 등장한 음원시장 중 휴대폰 벨소리와 컬러링의 수익 배분은 변화된 상황을 단적으로 보여준다. 곡당 컬러링을 다운로드받는 정보 이용료가 1000원일 경우 대략 600원이 인터넷 포털이나 통신사 등 망사업자의 주머니로 들어가고, 400원이 제작자, 가수, 작곡가, 연주자 등 제작 부문에 돌아온다. 콘텐츠의 유통 통로인 유.무선 플랫폼 사업자들이 절대 강자인 시장인 셈이다. 이들은 소비자들의 접속료나 통화료 등 망 이용료는 따로 받고 곡당 지불되는 정보 이용료에서도 무려 60%나 가져가는 것이다. 이 60%는 이동통신사업자나 각 인터넷 사이트, 원곡을 온라인 서비스가 가능한 형태로 바꾸는 업체들에 나눠진다. 음반의 경우는 어떨까. 내부 자료 등을 참고했을 때 1장의 CD가격이 1만3000원(제작원가 2000원)일 경우 3500원 정도가 제작사(제작자, 가수, 연주자, 작곡가 등 포함)의 몫으로 돌아가고, 1300원 정도를 배급사(유통사)가 벌며, 도.소매상이 각각 2500원씩을 받는다. 그렇다면 가수는 얼마나 벌까. 음원으로 돌아가는 수익은 정해져

---

47) 헤럴드경제(2010.4.4.) "엔터산업 비밀 숫자에 숨어있다".

있다. 가수와 연주자 등 실연권자는 벨소리, 컬러링, MP3 다운로드로는 총 매출의 5%, 스트리밍 서비스로는 2.5%를 받는다. 한 곡이 20억 원의 음원 매출을 올렸을 때 가수에게 떨어지는 몫은 대략 4% 정도인 800만 원이 된다. 여기에 저작인접권자(25~40%)로서 일부 권리를 인정받고, 작곡이나 작사에 참여했을 경우에는 저작권자의 몫(5~9%)도 일부 챙길 수 있다. 결국 20억 원의 매출에서 최소 1000만 원 전후의 수입을 얻을 수 있다는 얘기다. 반면 음반은 계약에 따라 일정액의 계약금만 받는 경우도 있고 장당 얼마씩 러닝개런티를 얻을 수도 있다.[48]

<표 61> 음악산업의 수익 배분 비율

(단위 : %)

	서비스 유형	권리자(작사, 작곡, 실연자, 제작자)	유통사(서비스 사업자)
국내	오프라인 서비스	56.9	43.1
	온라인전송서비스(스트리밍, 다운로드)	42.5~60	40~57.5
	온라인전송서비스(컬러링, 벨소리)	38.5	61.5
해외	모바일음악(애플사 iTunes)	70	30

출처 : 고정민(2011), "음악 산업의 유통현황과 활성화 방안," 문화체육관광부, 한국콘텐츠진흥원, 한국문화관광연구원 주최, 『한국 대중음악의 글로벌 경쟁력 강화를 위한 전문가 토론회』 발제문.

③ 방송산업의 수익 배분 구조

최근 각 주체 간 갈등이 가장 불거진 분야가 방송이다. 일종의 플랫폼사업자라고 할 수 있는 지상파 방송사와 창작주체인 외주드라마제작사 간의 대립이 핵심이다. 드라마가 방영돼 얻을 수 있는 수익은 크게 광고, PPL 등 기업 협찬, 해외 판매, 케이블.DMB.인터넷 등의 뉴미디어 판권, 캐릭터를 비롯한 라이선싱사업 등으로 나뉜다. 이중 광고수익과 뉴미디어 판권은 보통 방송사가 독점한다. PPL과 기업 협찬은 제작사가 알아서 받아 자기 주머니에 넣는다. OST 등 음악사업 진행과 수익도 제작사가 전담한다. 일본 중국 동남아에서 미국과 유럽으로까지 제법 규모가 성장한 해외 판매 수익이 비교적 두 주체 간에 일정 비율로 나눠갖는 룰이 정착됐다. 기본적으로는 해외 판권을 방송사가 소유하되 아시아 지역에 한해 3~5년간 판매수익을 5대5로 분배한다. 물론 타 지역과 해당 기간 외의 해외 판매 수익은 방송사가 독점한다. 드라마제작사협회는 방송사에서 외주제작사에 지급하는 제작비가 실제작비의 50~60%밖에 되지 않는다고 주장하고 있다. 드라마제작사협회 소속 25개사는 KBS MBC SBS 등 지상파 방송 3개사가 드라마 저작권과 관련해 제작사의 권리를 무시함으로써 공정거래법을 위반했다며 2010년 2월 공정위에 신고했다. 이들은 드라마의 저작권은 창작 기여도, 투자 비율 등에 따라 정해야 함에도 방송사들이 드라마에 대한 모든 권리를

---

48) 헤럴드경제(2010.4.4.) "엔터산업 비밀 숫자에 숨어있다".

포괄적으로 양도받는 계약관행을 고집해 왔다고 주장하고 있다.49)
  온라인 드라마는 모바일 서비스인 경우 이동통신사와 개런티 계약을 통해 월 단위 일괄 금액으로 정산을 하고 있으며, 방송의 형태로 재방영된 경우 판권 소유사는 방송작가협회나 극작가에게 기본 극본료의 20 ~ 30%의 저작권료를 지불하고 있다.

[그림 6] 드라마 콘텐츠에 대한 수익배분율 구성

서비스 종류	극작가	온라인 판권소유사	공급사	이동통신사	온라인 서비스 사업자
모바일 드라마 서비스	기본 극본료의 20 ~ 30% (재방송 경우)	미니멈 개런티 계약			
온라인 드라마 서비스	4.5 ~ 8.1 %	45.5 ~ 81.9%			10 ~ 50%

출처 : 한국소프트웨어진흥원(2006), 『디지털콘텐츠 유통경로에 따른 합리적 수익배분 조사』, 85쪽.

  온라인 포털 등에서 서비스 되는 온라인 VOD 서비스는 기본적으로 온라인 영화와 동일하게 50:50의 구조를 기본으로 하고 있지만 현재 대부분의 신작 드라마에 대해서는 공급자와 서비스 사업자 간의 비율이 7:3으로 이루어지고 있으며, 경우에 따라서는 9:1의 비율로도 서비스 되고 있다. 극작가에 대한 저작권은 VOD 서비스의 경우 작가가 한국방송작가협회에 소속일 경우 판권소유사 몫의 9%에 해당하는 금액을 한국방송작가협회에 지불해야하고, 작가가 협회에 비소속일 경우 제작 당시 작가와의 계약에 따라 처리된다. 그러나 온라인 드라마 서비스의 경우 아직 시장규모가 작은 관계로 위에서 예시한 수익배분 모델보다는 모바일 드라마 서비스의 경우처럼 미니멈 개런티로 계약되는 경우가 많다.50)

④ 게임산업의 수익 배분 구조

  온라인에서 유통되는 게임 콘텐츠 중 매출규모가 큰 두 영역은 온라인 게임과 모바일 게임이다. 온라인 게임의 경우 게임 개발사와 퍼블리싱 업체 간의 수익배분은 게임의 인기도에 따라 달라질 수 있고, 시장에 유통되는 대부분의 온라인 게임이 인지도가 있는 게임이기 때문에 전반적으로 업계 관행인 5:5의 수익배분율이 지켜지기 어려운 상황이다. 최근에 52주 연속 PC방 점유율 1위를

---

49) 헤럴드경제(2010.4.4.) "엔터산업 비밀 숫자에 숨어있다".
50) 한국소프트웨어진흥원(2006, 85-86쪽)

기록한 스페셜포스 게임 개발업체인 드래곤플라이와 퍼블리싱 회사인 네오위즈 간의 수익배분에 대한 의견 불일치로 2007년 7월 재계약이 불투명해진 사건 등은 온라인 게임 업계의 수익배분율에 대한 잠재적 분쟁소지를 단면적으로 보여주는 예라고 할 수 있다. 반면에 모바일 게임 시장은 아직까지는 분쟁의 소지가 없는 것으로 보인다. 현재의 모바일 게임 공급업체와 이동통신사 간의 수익배분율이 9:1로 다른 콘텐츠에 비해 수익배분율에 있어서 CP에게 매우 유리한 조건으로 운영되고 있다.

전체적으로 온라인 게임은 인기도에 따라 수익배분율이 상당한 차이를 보이고 있지만 기본적으로 업계의 관행은 게임 개발업체와 퍼블리싱 업체가 각각 5:5를 가져가는 것으로 되어 있다. 하지만 온라인 게임 서비스 사업자가 내부에 결제 대행 수수료를 포함하고 있느냐에 따라 수익배분율은 달라질 수 있는데, 대개 전체 매출액의 10% 정도의 수수료를 게임 개발사로부터 추가로 징수하고 있다. PC방은 아이템판매 수익을 공유하는 모델을 제시하는 서비스 업체와는 PC방 내부에서 판매된 아이템 수입에 한해서 10%를 배분받는다.

[그림 7] 온라인 게임에 대한 수익배분율 구성

콘텐츠 종류	게임 개발사	게임 공급사	온라인 게임 서비스 사업자	PC방
온라인 게임	40 ~ 50%	50 ~ 60%		서비스 사업자로부터 아이템판매액의 10%

출처 : 한국소프트웨어진흥원(2006), 『디지털콘텐츠 유통경로에 따른 합리적 수익배분 조사』, 88쪽.

모바일 게임은 다운로드형(싱글게임)과 WAP(네트워크접속게임)인 경우 공급사 측과 이동통신사 측이 9:1의 수익배분을 가지고 있으며, 위피 플랫폼을 사용하는 경우 공급사측의 수익에서 3%, 그 이외 플랫폼인 경우는 5~10%가 플랫폼 지원사업자에게 지불된다. 그리고 웹투폰의 경우는 공급사와 판매사, 이동통신사가 각각 6:2:2의 수익배분 구조를 가져가며, 역시 공급자의 수익에서 5~10%(위피의 경우 3%)를 플랫폼 지원료로 지불한다. KTF의 경우 위피를 제외한 블루 플랫폼의 경우 별도의 플랫폼 지원료를 부과하지 않고 있지만 최근 적용하기 시작한 위피 플랫폼에 대해서는 3%의 플랫폼 지원료를 부과하고 있다. LG텔레콤의 경우는 위피를 사용하는 경우 TA(Technical Assistance) 명목으로 7%, 위피 지원료 3%를 징수해 결국 10%를 제한다. 또한 KTF나 LG텔레콤에서는 과금을 대행하는 경우 전체 금액의 5%를 미납대행수수료로 미리 공제한 금액을 기준으로 수익배분을 한다.

[그림 8] 모바일 게임에 대한 수익배분율 구성

콘텐츠 및 서비스 종류			게임 개발사	게임 공급사	온라인사업자	이동통신 사업자	플랫폼지원 사업자
모바일 게임	다운로드	SKT	85.5 ~ 87.3%			10%	2.7~4.5%
		KTF	87.3 ~ 90%			10~12.7%	
		LGT	81%			10%	9%
	WAP	SKT	87.3 ~ 90%			10%	~2.7%
		KTF	87.3 ~ 90%			10~12.7%	
		LGT	81%			10%	9%
	웹투폰	SKT	57 ~ 58.3%		20%	20%	1.8 ~ 3%
		KTF	58.2 ~ 60%			20~21.8%	
		LGT	54%			20%	6%

출처 : 한국소프트웨어진흥원(2006), 『디지털콘텐츠 유통경로에 따른 합리적 수익배분 조사』, 91쪽.

⑤ 이동통신을 통한 정보서비스의 수익 배분 구조

정보이용료는 콘텐츠 제작자인 CP와 이통사·제3자(음원저작권자) 등의 제작지원 활동에 대한 기여분에 따라 배분되는 구조로, 2010의 경우 전체 정보이용료(4천519억 원)의 약 83.6%(3천777억 원)가 CP와 제3자에게, 16.4%(742억 원)가 이통사에게 배분됐다. CP·제3자의 배분율은 2008년 72.6%, 2009년 82%, 지난해 83.6%로 그동안 지속적으로 증가해왔다.

방통위측은 "그럼에도 실태점검 결과 CP에게 제공하는 수익 정산 정보가 구체적이지 않거나, 과금·수납 대행시 이통사에게 유리하게 계약 조건이 설정되는 등 불공정 행위가 발견돼 CP에 대한 정보이용료의 공정한 배분을 보장하기 위해 제도개선을 하게 됐다"고 설명했다. 방통위는 이통사가 수익배분 정산의 기초가 되는 관련 정보를 CP에게 자세하게 제공해야 하나, SK텔레콤과 KT의 경우 계약서 또는 정산 시스템 내 구체적인 공제 및 정산내역을 제공하지 않고 있어 이를 개선해 구체적인 내역을 제공토록 했다. 아울러, SK텔레콤의 경우 이용자의 요금 연체시 3년까지 추심을 통해 수납하고 있음에도, CP에게 배분되는 정보이용료는 1년 이내 수납될 경우에만 배분하고, 1년 이후 수납된 금액은 배분하지 않는 것으로 나타나 이를 시정토록 했다. KT의 경우 대부분의 콘텐츠를 청구형 정산방식으로 정산하면서 이때 정보이용료 수익발생분에 대해 일괄적으로 5%를 미납예상액으로 선공제하고 있어, 이를 직전 년도의 12개월 평균 미납율을 적용토록 했다.[51]

다. 콘텐츠 사업자 부담금 부과 방안

(1) 콘텐츠 사업자 부담금 부과 대상

　부담금을 부과하는 대상을 정한 다음에 적정한 부과율을 결정해야 한다. 부담금을 부과하는 기준으로 일정 규모 이상의 큰 기업을 대상으로 하는 방안과 콘텐츠 제조업자보다는 유통업자에게 부과하는 방안을 검토해 볼 수 있다. 게임산업을 제외하고는 콘텐츠 유통사업자가 우월적 지위를 행사하여 유통사업자가 콘텐츠 제작자에게 적정한 가격을 지불해주지 않는다는 측면에서 후자의 방안이 적절해 보이지만, 기술적으로 후자의 방안을 구현하기가 어렵다. 왜냐하면 대부분의 콘텐츠산업에서 대형 유통사업자는 콘텐츠 제작을 겸하고 있기 때문이다. 따라서 여기에서는 일정 규모 이상의 큰 기업을 대상으로 부과금을 부과하는 방안을 제안한다.

　부과금의 부과 대상을 중소기업과 개인 기업을 제외하고 대기업을 대상으로 하는 방안이 적절하다고 판단된다. 중소기업기본법(제2조 및 동 시행령 제3조)에 따르면, 콘텐츠 기업이 해당되는 '출판, 영상, 방송통신 및 정보서비스업'의 경우 중소기업은 상시 근로자 수 300명 미만 또는 매출액 300억 원 이하의 기업을 말한다. 캐릭터 상품과 음반 제조업이 포함되는 '제조업'의 경우 상시 근로자 수 300명 미만 또는 자본금 80억 원 이하 기업이 중소기업에 포함된다. 이러한 점을 감안하여 콘텐츠 사업자 부과금을 부과하는 대상을 매출액 300억 원 이상의 콘텐츠 기업으로 정한다.

　콘텐츠 부담금은 기존의 부담금과 사용 목적에서는 중복되지 않지만, 부과 대상의 측면에서는 방송사업자와 통신사업자의 경우 중복된다. 여기서 콘텐츠 기업 중에서 방송통신발전기금을 내고 있는 방송사업자와 부가가치세 면제 대상인 출판사업자는 콘텐츠 부담금 부과 대상에서 제외한다. 방송사업자는 방통발전기금을 부담하고 있으므로 콘텐츠 부담금을 부과할 경우 이중으로 부담금을 부과하는 것이고, 출판사업자의 경우 출판문화의 육성 차원에서 부가가치세도 면제해 주고 있는 상황에서 콘텐츠 부담금을 부과하는 것이 적절하다고 판단되지 않는다.

　통신사업자의 경우 정보통신진흥기금을 내지만 통신사업자의 수입 중 콘텐츠 사업 수익에 대해서는 부과하는 것으로 정하였다. 따라서 통신사업자의 경우 콘텐츠 사업 수익의 경우 정보통신진흥기금과 콘텐츠 부담금을 내야 하는 이중 부담이 있다. 이 문제는 다음과 같이 해결할 수 있다. 정보통신진흥기금이 통신사업자의 콘텐츠 사업수익으로 인한 부담금 이상의 금액을 모태펀드 문화계정에 출연할 경우 부담금에서 제외해 주면 된다.

　콘텐츠 기업 중 포털이나 통신사업자와 같이 콘텐츠로 인한 수입이 전체 매출의 일부에 불과하지만, 콘텐츠 사업으로 인한 매출액이 300억 원이 넘는 경우가 있다. 이 경우 포털이나 통신사업자 전체 매출액을 대상으로 부과하는 것이 아니라 콘텐츠 사업 매출액을 대상으로 부과한다. CJ

---
51) 지디넷코리아(2011.5.3.), "이통사-CP, 정보이용료 수익배분 개선된다"

E&M의 경우 SO, PP, 영화, 게임, 음반 사업을 겸업하고 있는데, SO로서 방송통신발전기금을 내고 있지만, 게임과 음반 사업의 매출액이 300억 원이 넘을 경우 콘텐츠 부과금의 부과 대상이 된다.

(2) 콘텐츠 사업자 부담금 부과율

다음으로 부과율을 결정해야 하는데, 부과율의 결정하기 위해서는 필요한 부과금의 규모를 먼저 결정해야 한다. 콘텐츠 사업자 부담금의 규모는 연간 200억 원 내외가 적정할 것으로 판단된다. 향후 3년간 모태펀드 문화계정에서 필요한 금액이 연간 700억~900억 원인데, 이중 2/3는 기존 기금으로부터 출연 받고, 콘텐츠 사업자에게는 이중 1/3에 상당하는 부담금을 부과하는 것이 적절하다고 판단된다. 콘텐츠 사업자로부터의 부과금 규모는 250억 원~350억 원 정도가 되어야 한다.

부과금의 부과율을 매출액 300억 원 이상이 되는 기업에 동일하게 부과할 것인지 아니면 매출액이 큰 기업에게는 적은 기업보다 더 높은 부과율을 부과할 것인지를 결정해야 한다. 부과금 부과의 초기에는 단순한 부과 방식을 채택하는 것이 바람직하고, 또한 매출액이 큰 기업의 예상되는 반발을 약화시키기 위해서 동일한 부과율을 부과하는 방식을 채택한다.

매출액 300억 이상인 콘텐츠 기업의 매출액 중에서 콘텐츠 관련 매출액을 합계한 결과 2010년에 14조 4,170억 원이었다. 이 매출액의 0.20%가 288억 원으로 모태펀드 문화계정이 필요로 하는 부담금액을 충족시켜 주고 있다. 따라서 매출액 300억 이상이 콘텐츠 기업의 매출액 중에서 콘텐츠 관련 매출액의 0.20%를 콘텐츠 부담금으로 부과하는 것이 적절하다.

<표 62> 매출액 300억 이상 기업의 콘텐츠 매출액(2010년)

(단위 : 백만 원)

부과 대상 매출 내역	매출액	부과율	부과금
게임	3,109,738	0.20%	6,219
애니메이션	33,338	0.20%	67
음악사업자	398,837	0.20%	798
캐릭터제작업(라이선스)	1,067,047	0.20%	2,134
포털 중 콘텐츠관련 매출액(2011년)	1,573,866	0.20%	3,148
통신사업자 중 방송통신융합서비스	8,234,146	0.20%	16,468
합계	14,416,972	0.20%	28,834

출처 : "콘텐츠 산업 통계"의 소스 자료와 "방송통신산업통계연구"의 자료에서 취하였는데, 개별 내역은 아래 절에서 설명하였음

(3) 보론 : 콘텐츠 부담금 부과 대상 산업과 매출액 300억 이상 기업

아래는 위 표에서 콘텐츠 부담금 부과 대상 매출액을 계산한 근거를 설명한다. 각 콘텐츠 하위별 산업구조를 간략히 설명한 다음에, 각 하위 산업에서 매출액 300억 원 이상인 기업 중에서 콘텐

츠 관련 매출액을 추출한 근거를 부연한다.

① 게임 산업

2010년 게임산업 매출액은 7조 4,211억 원이었고, 최근 3년간 연평균 15.1%로 빠르게 성장하고 있다. 게임 산업은 크게 게임 제작 및 배급업과 게임 유통업으로 구성되어 있다. 게임 제작 및 배급업에서는 온라인 게임의 비중이 가장 크고 그 다음으로 비디오게임, 모바일게임, PC게임, 아케이드게임으로 구성되어 있다. 게임 유통업은 게임방 운영업과 게임장 운영업으로 구성되어 있지만, 해외 통계에서는 이 게임 유통업을 게임 산업으로 간주하지 않는다.

<표 63> 게임산업 업종별 매출액 현황

(단위 : 억 원)

중분류	소분류	2008년	2009년	2010년	비중(%)	전년대비 증감률(%)	연평균 증감률(%)
게임 제작 및 배급업	온라인게임	26,922	37,087	47,672	64.2	28.5	33.1
	비디오게임	5,021	5,257	4,268	5.7	-18.8	-7.8
	모바일게임	3,050	2,608	3,167	4.3	21.4	1.9
	PC게임	263	150	120	0.2	-20.0	-32.5
	아케이드게임	628	618	715	1.0	15.7	6.7
	소계	35,884	45,720	55,942	75.3	22.4	24.9
게임유통업	컴퓨터 게임방 운영업	19,280	19,342	17,601	23.1	-9.0	-4.5
	전자 게임장 운영업	883	744	768	1.0	3.2	-6.7
	소계	20,163	20,086	18,369	24.7	-8.5	-4.6
게임산업 합계		56,047	65,806	74,311	100.0	12.9	15.1

출처 : 문화체육관광부·한국콘텐츠진흥원(2012) 『2011 콘텐츠 산업통계』, 214쪽.

여기서는 게임유통업은 콘텐츠 부담금 부과대상에서 제외한다. 게임 제작 및 배급업자 중에서 매출액 300억 원 이상인 기업은 2010년의 경우 13개 기업이 있는데, 그 내역은 다음과 같다; 넥슨, 엔씨소프트, 네오위즈게임즈, 엔에이치엔, 씨제이앤엠, 골프존, 액토즈소프트, 갈라랩(구.이온소프트), 게임피아, 엠게임, 그라비티, 엔트리브소프트, 티쓰리엔터테인먼트. 이들 기업의 2010년도 매출액 합계는 3조 1,098억 원이었다.

② 애니메이션 산업

2010년 애니메이션 산업의 매출액은 5,143억 원으로 최근 3년간 연평균 12.7%로 빠른 성장을 보이고 있다. 애니메이션 산업은 제작업, 유통 및 배급업으로 구성되어 있다.

<표 64> 애니메이션산업 업종별 매출액 현황

(단위 : 백만 원)

중분류	소분류	매출액 2008년	매출액 2009년	매출액 2010년	비중 (%)	전년대비 증감률 (%)	연평균 증감률 (%)
애니메이션 제작업	애니메이션 창작제작	168,396	211,949	227,961	44.3	7.6	16.3
	애니메이션 하청제작	135,356	122,412	113,695	22.1	▽7.1	▽8.4
	온라인(인터넷·모바일) 애니메이션 제작	1,880	2,301	2,108	0.4	▽8.4	5.9
	소계	305,632	336,662	343,764	66.8	2.1	6.1
애니메이션 유통 및 배급업	애니메이션 유통, 배급 및 마케팅, 홍보	15,558	16,332	17,948	3.5	9.9	7.4
	소계	15,558	16,332	17,948	3.5	9.9	7.4
온라인 애니메이션 유통업	온라인 애니메이션 서비스업(인터넷, 모바일)	8,407	5,509	5,322	1.0	▽3.4	▽20.4
	소계	8,407	5,509	5,322	1.0	▽3.4	▽20.4
중합계		329,597	358,503	367,034	71.4	2.4	5.5
극장 매출액	극장 매출액	69,052	56,143	145,077	28.2	158.4	44.9
	소계	69,052	56,143	145,077	28.2	158.4	44.9
방송사 수출액	방송사 수출액	6,111	3,924	2,288	0.4	▽41.7	▽38.8
	소계	6,111	3,924	2,288	0.4	▽41.7	▽38.8
애니메이션산업 합계		404,760	418,570	514,399	100.0	22.9	12.7

출처 : 문화체육관광부·한국콘텐츠진흥원(2012) 『2011 콘텐츠 산업통계』, 271쪽.

애니메이션 사업자 중에서 매출액이 300억 원이 넘는 기업은 대원미디어밖에 없고, 2010년 대원미디어의 애니메이션매출액은 333억 원이다. 대형 애니메이션 사업자인 넥슨과 영구아트의 애니메이션 매출액은 2010년에 각각 165억 원과 125억 원으로 300억 원에 미달한다.

③ 음악산업

2010년 음악산업 매출액은 2조 9,591억 원이고, 최근 3년간 연평균 6.6% 증가하여 콘텐츠 산업 중에서는 성장속도가 낮은 편이다. 음악산업은 크게 음악제작업, 배급업, 공연업, 노래연습장운영업으로 구성되어 있다. 전체 매출액 중 45.8%에 해당하는 1조 3,557억 원의 매출이 노래연습장 운영을 통해 발생한 것으로 집계되어, 이 부분을 제외한 음악 산업의 매출 규모는 1조 6,034억 원으로 나타났다.

<표 65> 음악산업 업종별 매출액 현황

(단위 : 백만 원)

중분류	소분류		매출액			비중 (%)	전년대비 증감률 (%)	연평균 증감률 (%)
			2008년	2009년	2010년			
음악 제작업	음악 기획 및 제작	음반 및 음원	80,231	73,528	84,692	2.9	15.2	2.7
		음반 외 수익(음악관련)	201,611	254,459	303,278	10.2	19.2	22.6
	음반(음원) 녹음시설 운영업		39,246	32,342	35,662	1.2	10.3	▽4.7
	소계		321,088	360,329	423,632	14.3	17.6	14.9
음악 및 오디오물 출판업	음악 오디오물 출판업		10,898	9,424	11,653	0.4	23.7	3.4
	기타 오디오물 제작업		608	676	721	0.0	6.7	8.9
	소계		11,506	10,100	12,374	0.4	22.5	3.7
음반 복제 및 배급업	음반 복제업		42,348	38,321	43,487	1.5	13.5	1.3
	음반 배급업52)		52,742	44,705	48,672	1.6	8.9	▽3.9
	소계		95,090	83,026	92,159	3.1	11.0	▽1.6
음반 도소매업	음반 도매업		103,195	36,655	37,262	1.3	1.7	▽0.8
	음반 소매업			63,117	64,258	2.2	1.8	
	인터넷 음반 소매업53)		16,634	20,267	28,325	1.0	39.8	30.5
	소계		119,829	120,039	129,845	4.4	8.2	4.1
온라인 음악 유통업	모바일 음악서비스업		87,650	76,502	55,388	1.9	▽27.6	▽20.5
	인터넷 음악서비스업		253,082	359,969	453,919	1.3	26.1	33.9
	음원대리 중개업		39,671	60,331	63,528	2.1	5.3	26.5
	인터넷/모바일 음악 콘텐츠 제작 및 제공업(CP)		146,042	72,799	49,327	1.7	▽32.2	▽41.9
	소계		526,445	569,601	622,162	21.0	9.2	8.7
음악 공연업	음악공연 기획 및 제작업		213,851	224,359	286,962	9.7	27.9	15.8
	기타 음악공연 서비스업(티켓발매 등)		27,801	33,303	36,287	1.2	9.0	14.2
	소계		241,652	257,662	323,249	10.9	25.5	15.7
중합계			1,315,610	1,400,757	1,603,421	54.2	14.5	10.4
노래연습장 운영업	노래연습장 운영업		1,286,466	1,339,996	1,355,722	45.8	1.2	2.7
	소계		1,286,466	1,339,996	1,355,755	45.8	1.2	2.7
음악산업 합계			2,602,076	2,740,753	2,959,143	100.0	8.0	6.6

출처 : 문화체육관광부·한국콘텐츠진흥원(2012) 『2011 콘텐츠 산업통계』, 169쪽.

---

52) 2008년부터 음반 도소매업에서 음반 배급업 분리
53) 통계청, "사이버쇼핑동향조사", 2010

음악 사업자 중에서 매출액이 300억 원이 넘는 기업은 6개로 ㈜와이지엔터테인먼트, 에스엠엔터테인먼트, ㈜로엔엔터테인먼트, ㈜피엠씨프러덕션, ㈜케이티뮤직, 리얼네트웍스아시아퍼시픽(주)와 같다. 이들 회사의 매출액은 2010년에 4,715억 원이다.

음악 사업자 중에 교보문고의 경우 전체 매출액은 5,039억 원으로 콘텐츠 부과금 대상인 300억 원을 초과하였으나, 교보문고의 음악 매출액은 151억 원으로 300억 원에 미달하므로 콘텐츠 부과금 대상에서 제외하였다. 음악사업자로도 분류되는 손오공의 경우에도 교보문고의 사례와 같아서 콘텐츠 부과금 대상에서 제외하였다. 손오공의 전체 매출액은 727억 원으로 300억 원을 초과하지만, 음악 매출액은 36억에 불과하다.

④ 캐릭터제작업(라이선스)

2010년 캐릭터산업 매출액은 5조 8,968억 원으로 최근 3년간 연평균 7.5%씩 증가하였다. 캐릭터 산업은 크게 캐릭터 제작업과 캐릭터 상품 유통업으로 분류되는데, 콘텐츠 산업의 측면에서 캐릭터 산업이 의미가 있는 경우는 캐릭터 제작업 중에서 캐릭터 개발 및 라이선스업이라고 할 수 있고, 캐릭터 개발 및 라이선스업의 매출액은 2010년에 4,632억 원이었다.

<표 66> 캐릭터산업 업종별 매출액 현황

(단위 : 백만 원)

중분류	소분류	매출액			비중 (%)	전년대비 증감률 (%)	연평균 증감률 (%)
		2008년	2009년	2010년			
캐릭터 제작업	캐릭터 개발 및 라이선스업	344,485	358,862	463,221	7.9	29.1	16.0
	캐릭터상품 제조업	2,267,506	2,354,597	2,568,587	43.6	9.1	6.4
	소계	2,611,991	2,713,459	3,031,808	51.4	11.7	7.7
캐릭터 상품 유통업	캐릭터상품 도매업	2,468,722	941,749	998,762	16.9	6.1	7.3
	캐릭터상품 소매업		1,703,064	1,866,327	31.6	9.6	
	소계	2,468,722	2,644,813	2,865,089	48.6	8.3	7.3
캐릭터산업 합계[54]		5,098,713	5,358,272	5,896,897	100.0	10.1	7.5

출처 : 문화체육관광부·한국콘텐츠진흥원(2012) 『2011 콘텐츠 산업통계』, 377쪽.

캐릭터 개발 및 라이선스 사업자 중에서 매출액이 300억 원이 넘는 기업은 12개로 다음과 같다; ㈜넥슨, ㈜모나미, 이브자리, 오로라월드(주), ㈜손오공, 대원미디어(주), 동아연필(주), ㈜미미월드, ㈜지원콘텐츠, ㈜지비스타일, 아카데미과학(주), ㈜아트박스. 이들 12개 기업의 2010년도 매출

---

54) 캐릭터상품 유통업 매출액 중 인터넷 쇼핑몰, 홈쇼핑, 편의점, 재래시장, 인터넷/모바일/게임콘텐츠(아바타 등), 불법복제 관련 매출액 제외

액은 1조 670억 원이었다.

이들 캐릭터 사업자들은 게임, 애니메이션, 음악 사업자에서 이름을 올린 사업자들이 보인다. 넥슨은 게임산업과 애니메이션 산업에서, 손오공과 대원미디어는 애니메이션산업에서 이미 나타났다. 콘텐츠 사업자들이 여러 장르의 콘텐츠 산업을 함에 따라서 콘텐츠 산업의 통계에서는 업종별 매출액을 추계하여 계상하여 이중 계산이 발생하지 않도록 하고 있다.

⑤ 포털 중 콘텐츠 관련 매출액

국내 포털 서비스는 검색서비스를 기초로 출발하여, 추후 뉴스와 날씨를 비롯해 주식 정보, 다양한 커뮤니티 서비스를 제공하기 시작하였다. 즉, 정보를 찾아 헤매지 않고, 자사의 웹사이트에서 이용 가능하도록 내용을 다양화하기 시작한 것이다. 이러한 변화에 따라 사업자들 역시 자신들의 웹사이트를 검색 엔진이 아닌 '포털'로 명명하기 시작한 것이다(이영재 외, 2008).

현재 국내 포털 시장은 2002년을 전후해 안정화 단계에 접어들었는데, 네이버와 다음, 네이트가 선도 기업군을 형성하였고, 야후와 파란이 그 뒤를 잇고 있다. 다음 표는 주요 포털사업자를 정리한 것이다.

<표 67> 주요 포털 사업자 개요

(2011년 말 기준)

포털명	네이버 (Naver)	다음 (Daum)	네이트 (Nate)*	야후!	파란 (paran)
상호	엔에이치엔(주)	(주)다음커뮤니케이션	에스케이커뮤니케이션즈(주)	야후 코리아	케이티하이텔(주)
부가통신사업자 신고일	2002.3.14	1995.2.1	2000.1.6	1999.7.8.	1999.6.24.
종업원수(명)	2,686	1,307	1,321	264**	563

출처: 금융감독원 전자공시시스템(http://dart.fss.or.kr)
* 네이트의 경우 엠파스와 싸이월드를 포함
** 야후(Yahoo!Korea)의 종업원수는 2007년 4월 기준

포털 사업자의 주 수입원은 광고 수입인데, 광고 수입은 이용자들이 모였기 때문에 가능한데, 이용자들이 포털에 모인 이유는 다양하다. 뉴스를 포함한 정보를 이용하거나, 카페나 블로그 그리고 이메일을 이용하기 위해서 그리고 게임과 동영상 등 콘텐츠를 이용하기 위해서 포털을 이용한다. 따라서 포털의 경우 콘텐츠가 유발한 매출액을 정확히 추계하기는 거의 불가능하다. 여기에서는 각 포털 사업자의 매출액 구성을 보고, 광고수입을 제외한 수입 중에서 콘텐츠 사업수입으로 간주할 수 있는 수입을 콘텐츠 사업 매출액으로 간주한다. 광고수입 중 일부도 콘텐츠와 관련해서

일어난 것도 있겠지만, 그 비중을 추계하기가 거의 불가능하므로 여기서는 없는 것으로 간주한다.
2011년을 기준으로 한 주요 포털 사업자의 매출 개요는 다음과 같다.

<표 68> (주)NHN(네이버) 매출 개요

품 목	구체적 용도	주요상표 등	2011 매출액(백만 원)	비중
영업수익			2,147,412	100.0%
1. 영업수익(매출)			2,121,318	98.8%
- 검색광고	네이버 검색 결과에 노출되는 광고, 네이버 지식쇼핑 수수료 등	네이버	1,081,776	50.4%
- 디스플레이광고	네이버 페이지에 노출되는 디스플레이 광고, 네이버 지식쇼핑 부가 광고 등	네이버	298,679	13.9%
- 온라인게임	정액제요금과 아이템 매출 등	한게임	640,673	29.8%
- 기타	음악, 부동산서비스 등	네이버/한게임	100,190	4.7%
2. 기타수익			26,094	1.2%

출처: 금융감독원 전자공시시스템(http://dart.fss.or.kr)

<표 69> (주)다음커뮤니케이션(다음) 매출 개요

사업부문	2011년 매출액	비중	2010년 매출액(백만 원)	비중
검색광고	195,153	46%	179,647	51%
디스플레이광고	207,353	49%	149,486	43%
거래형서비스	15,922	4%	16,170	5%
기타 자회사	2,839	1%	5,120	1%
합 계	421,267	100%	350,423	100%

출처: 금융감독원 전자공시시스템(http://dart.fss.or.kr)

<표 70> (주)SK Communications(네이트) 매출 개요

사업부문	구체적 용도	매출액(백만원)	비율
매출액		262,148	100.0%
디스플레이 광고	온라인 광고	115,773	44.2%
검색 광고	온라인 광고	54,237	20.7%
컨텐츠 외 기타	유료컨텐츠판매 및 용역제공 등	92,138	35.1%

출처: 금융감독원 전자공시시스템(http://dart.fss.or.kr)

<표 71> (주)케이티하이텔(파란) 매출 개요

사업부문	주요 회사	매출 유형	품 목	주요 상표 등	2011년 매출액 (백만 원)	비율
인터넷 기반 사업	케이티하이텔(주)	인터넷서비스	검색광고, 디스플레이광고 등	아임IN, 푸딩, 파란닷컴	11,073	2.4%
		컨텐츠	영상, 게임 등	PLAYY 등	57,194	12.4%
		플랫폼 구축/운영	올레닷컴, 링고 GIS, Cloud 등,	Olleh Map, uCloud 등	62,456	13.5%
B2B 전자 상거래업	케이티커머스(주)	B2B매출	MRO 등	iBene몰 등	316,431	68.3%
		B2C매출	쇼핑몰	엔조이뉴욕 등	13,397	2.9%
		기타	기타	기타	2,481	0.5%
총 계					463,032	100.0%

출처: 금융감독원 전자공시시스템(http://dart.fss.or.kr)

<표 72> 네오위즈 매출 개요

(단위: 백만 원)

	품목		2011년	2010년
지주사업	지주사업	해외	–	–
		국내	13,098	10,488
게임사업	온라인게임 외	해외	356,643	161,505
		국내	311,106	269,045
인터넷사업	인터넷서비스	해외	611	267
		국내	50,496	48,842
기타사업	투자 및 용역서비스 외	해외	–	–
		국내	43,599	34,616
(내부거래)		해외	(671)	–
		국내	(47,654)	(19,103)
합계		해외	356,583	161,771
		국내	370,644	343,888
		계	727,227	505,660

이러한 주요 포털 사업자의 매출구조에서 콘텐츠 사업관련 매출액은 다음과 같다고 본다; NHN의 경우 온라임게임과 기타영업 수익, 다음의 경우 거래형서비스 매출액, SK커뮤니케이션의 경우 콘텐츠 외 기타 매출액, 케이티하이텔의 경우 콘텐츠 매출액, 네오위즈의 경우 온라인 게임 외 매출액과 인터넷 서비스 매출액. 이를 합친 매출액은 2011년의 경우 1조 5,739억 원이었다. 참고로 이들 포털 사업자의 전체 매출액은 2011년의 경우 3조 6,627억 원이었다.

⑥ 통신사업자 중 방송통신융합서비스

최근에 통신사업자들이 음악, 방송, 영화 등의 콘텐츠 유통 서비스를 확대하면서 통신사업자의 매출액 중에서 콘텐츠 서비스의 수입이 증가하고 있다[55]. 콘텐츠 유통 서비스 매출액인 방송통신융합서비스의 규모는 2004년에 2조 9,164억 원에서 2010년에는 8조 7,526억 원으로 증가하였다. 전체 통신서비스 시장 매출액 중에서 방송통신융합서비스의 비중은 2004의 7.6%에서 2010년에는 16.5%로 증가하였다.

<표 73> 통신서비스 시장 매출액

(단위 : 억 원)

연 도	2004	2005	2006	2007	2008	2009	2010
서비스매출액 계	382,524	408,601	428,688	454,128	487,034	509,839	531,383
유선통신서비스	161,356	173,336	174,005	177,160	180,693	174,640	172,643
무선통신서비스	145,173	154,844	162,858	172,208	183,290	195,570	205,990
회선설비임대재판매 및 모집.중개	18,081	17,139	17,742	19,945	21,694	17,821	13,403
부가통신서비스	28,750	28,111	32,034	35,788	40,940	47,950	51,821
방송통신융합서비스	29,164	35,171	42,049	49,027	60,417	73,858	87,526
매출액 중 방통융합 서비스의 비중(%)	7.6	8.6	9.8	10.8	12.4	14.5	16.5

출처: 한국정보통신진흥협회(2011) 『2011 방송통신산업 통계연보』

정보통신산업연보에는 방송통신융합서비스의 내역이 나와 있다. 방송통신융합서비스는 크게 IPTV서비스와 유무선 콘텐츠 서비스로 구성되어 있다. 여기서는 유무선 콘텐츠 서비스의 수입만을 콘텐츠 부과금 대상 매출액으로 간주한다. IPTV서비스의 경우 방송사업자로서의 매출액이고, 현재는 IPTV사업이 적자이므로 방송통신발전기금의 부과대상이 아니지만, 향후 IPTV사업이 흑자로 돌아설 경우 방송통신발전기금의 부과가 예상된다. 따라서 방송통신융합서비스 중에서 IPTV서비스를 제외한 유무선 콘텐츠 서비스 매출액만이 콘텐츠 부과금의 대상이다.

방송통신 융합 서비스의 경우 중소기업의 매출액이 306억 원으로 방송통신 융합 서비스 중 유무선 콘텐츠 매출액인 8조 2,647억 원의 0.4%의 비중만을 차지하고 있다. 이는 방송통신 융합서비스를 제공하는 사업자들 중 대기업 규모의 업체들이 매출액에서 차지하는 비중이 절대적임을 의미한다. 통신사업자의 매출액 중에서 콘텐츠 부과금의 대상은 8조 2,341억 원(=82,647억 원-306억 원)이다.

---

[55] 통신사업자들은 콘텐츠 유통 서비스 사업으로 진출하면서 2000년대 중반에 콘텐츠 제작사를 인수하면서 이 사업에의 진출을 본격화하였지만, 콘텐츠 제작업이 지속적으로 적자를 기록하자 2000년대 후반에 인수한 콘텐츠 제작업체를 대부분 매각하였다. 이 당시 인수한 콘텐츠 기업 중 음악 유통사업자 등 일부 사업자를 지금도 보유하고 있다.

<표 74> 방송통신 융합서비스 매출액 추이

(단위: 백만 원)

구분	2005	2006	2007	2008	2009	2010
방송통신융합서비스	3,517,083	4,204,853	4,902,717	6,041,737	7,385,772	8,264,746
IPTV서비스				114,021	244,762	404,303
IPTV방송					79,000	336,103
수신료					63,800	292,400
광고수입					4,200	13,300
기타방송사업					11,000	30,403
Pre-IPTV				114,021	165,762	68,200
유무선통합서비스(FMC)					16,829	0
가정용					15,632	0
기업용					1,197	0
유무선콘텐츠	3,517,083	4,204,853	4,902,717	5,927,716	7,124,181	8,264,746
음성콘텐츠제공 서비스	375,502	399,746	345,467	338,670	340,228	337,342
음성콘텐츠제공서비스	250,077	243,691	225,980	217,958	221,361	46,461
번호안내서비스	125,425	156,055	119,487	120,712	118,867	290,881
온라인콘텐츠제공서비스	2,863,114	2,708,489	3,168,287	3,985,939	5,149,499	5,862,759
웹케스팅서비스	29,029	48,483	68,745	78,082	122,070	131,240
인터넷미디어서비스					115,973	132,244
인터넷게임서비스	925,267	1,197,451	1,410,609	1,965,728	2,789,702	3,244,264
온라인교육서비스	312,706	389,133	512,877	583,467	657,826	719,837
전문정보제공서비스	492,138	554,726	650,035	712,945	754,434	816,703
디지털영상제공서비스		59,686	76,036	65,536	68,059	69,680
디지털음향제공서비스		163,997	171,258	196,033	248,066	324,414
디지털출판물제공서비스	34,959	38,078	31,923	38,003	39,238	40,147
기타	1,069,015	256,935	246,804	346,145	354,131	384,230
인터넷광고서비스	239,497	1,062,169	1,361,616	1,582,766	1,613,642	2,040,483
기타콘텐츠서비스	38,970	34,449	27,347	20,341	20,812	24,162

출처: 한국정보통신진흥협회(2011) 『2010 정보통신산업 통계연보』

3. 모태펀드 문화계정 재원 확충을 위한 법 개정 사항

콘텐츠 대기업에게 부과금을 부과하기 위해서는 근거 법령을 만들어야 한다. '문화산업진흥기본법'에 다음의 조항을 신설하여야 한다.

제○○조(콘텐츠 부과금의 부과) ① 문화산업에 종사하는 사업자 중 연간 매출액이 300억 원을 초과하는 사업자에게 매출액의 100분의 1이내 범위에서 대통령령으로 정하는 비율에 해당하는 부담금을 부과·징수할 수 있다.
② 부담금의 부과 비율, 징수 한도 등 부담금의 산정기준·절차 등에 관하여 필요한 사항은 대통령령으로 정한다.
③ 문화부장관은 대통령령으로 정하는 바에 따라 사업규모나 부담능력이 일정한 기준에 미치지 못하는 자에 대하여는 부담금을 면제하거나 경감할 수 있다.
④ 문화부장관은 부담금의 징수대상자가 납부기한까지 부담금을 내지 아니할 때에는 15일 이상의 기간을 정하여 독촉하여야 한다. 이 경우 체납(滯納)된 부담금에 대하여는 100분의 80 이내의 범위에서 대통령령으로 정하는 가산금을 부과·징수한다.
⑤ 문화부장관은 제4항에 따라 독촉을 받은 자가 그 기간 이내에 부담금과 가산금을 납부하지 아니한 때에는 국세 체납처분의 예에 따라 징수할 수 있다.
⑥ 제1항과 제4항에 따라 징수한 부담금과 가산금은 「벤처기업육성에 관한 특별조치법」 제4조의2에 의한 중소기업투자모태조합의 문화산업 별도 계정에 귀속된다.

콘텐츠 대기업으로부터 부과금을 부과하기 위해서는 문산법에 조항을 추가해야할 뿐만 아니라 부과금 관리기본법도 개정해야 한다. 아래에 부과금의 부과와 관련한 법 조항의 문제를 추가로 설명한다.

① 콘텐츠 부과금이 효력을 갖기 위해서는 부담금관리기본법 제3조에 따라 부담금관리기본법별표에 규정에 의하지 아니하고는 이를 설치할 수 없으므로 부담금관리 기본법 별표를 개정하여 '문화산업진흥기본법 제○○조에 따른 콘텐츠 부과금'을 새로 추가하여야 한다. 즉, 콘텐츠 부과금의 부과를 위해서는 문화산업진흥기본법의 개정 이외에 부담금관리기본법이 함께 개정되어야 한다.
② 중소기업기본법에 의하면 중소기업의 범위는 일정 기준 미만(상시근로자수 200명 또는 300명 미만, 자본금 30억 또는 80억 미만, 또는 매출액 300억 미만)의 기업으로 업종에 따라서 달리 규정하고 있다. 문화산업 사업자 중에서 매출액 300억 미만의 기업을 중소기업으로 간주하여 부과금의 대상에서 제외하였다.

제5장

문화콘텐츠진흥기금의 설치 방안

제5장 문화콘텐츠진흥기금의 설치 방안

  기금은 국가가 특정한 목적을 위하여 특정한 자금을 신축적으로 운용할 필요가 있을 때에 한하여 법률로서 설치하도록(국가재정법 제5조1항) 되어 있고, 정부의 출연금 또는 법률에 따른 민간부담금을 재원으로 하는 기금은 별표 2에 규정된 법률에 의하지 아니하고는 이를 설치할 수 없도록(국가재정법 제5조 1항) 되어 있다. 또한 설치된 기금은 매 3년마다 존치평가를 받도록 되어 있다(국가재정법 제82조 1항).[56]

  따라서 문화콘텐츠진흥기금을 설치하기 위해서는 문화산업진흥기본법에 관련 조항이 추가되어야 하고 또한 국가재정법의 별표 2에 문화산업진흥기본법을 새로 추가해야 한다. 또한 설치된 문화콘텐츠진흥기금이 지속되기 위해서는 3년마다 이루어지는 존치평가를 통과해야 한다. 따라서 기금을 만들 때에는 새로운 기금의 필요성에 역점을 두어야 하고, 동시에 존치평가의 평가 기준을 통과하도록 설계해야 한다. 아래에서는 먼저 기금의 존치 평가 방법을 살펴본다. 2절에서는 문화콘텐츠진흥기금의 필요성을 정리한다. 마지막 절에서는 문화콘텐츠진흥기금의 설치와 관련된 법적인 사항을 간략히 정리한다.

1. 기금 설치의 요건

  기획재정부 기금운용평가단(2010.5)이 작성한 『기금존치평가 보고서』에는 기금존치평가 방법(2쪽~5쪽)이 설명되어 있는데, 이는 다음과 같다.

가. 평가지표 구성

○ 평가지표는 정책적합성, 사업의 중복성·유사성, 재원조성의 적정성 등 3개 분야에서 2개씩, 총 6개 지표를 대상으로 평가
○ 평가지표는 3개 분야별로 제시된 〈평가기준〉과 〈평가내용〉으로 구성되어 있음.
– 〈평가기준〉은 무엇을 평가하고자 하는지 평가의 목표와 기준을 설명하며, 〈평가내용〉은 이에 따른 구체적인 평가항목들을 제시

---

[56] 기금의 수와 규모가 증가하자 정부는 2003년 12월 기금관리기본법을 개정하여 3년마다 기금의 존치여부를 평가하도록 하였다(법 제12조 2항). 기존의 존치 평가는 2004년, 2007년, 2010년에 이루어졌다.

○ 기금의 존치 여부에 대한 평가는 각 지표별 평가결과를 종합적으로 검토하여 '존치', '조건부 존치', '예산 또는 타 기금에 통합', '폐지 또는 민간전환' 등으로 판정하여 종합의견을 제시
- 각 지표별 평가결과, "존치"에 해당되지 않는 경우에도 기금 존치의 "정책적 필요*"가 있는 경우 "조건부 존치" 가능
* 기금설치 근거 법률 이외의 특별법 제정이나 국제협약, 정부의 정책적 고려 등 예외적으로 불가피하게 기금으로 유지할 필요가 있는 경우

나. 평가결과

○ 평가결과는 ⅰ) 평가지표별 평가결과와 ⅱ) 그 결과를 종합하여 기금의 존치여부에 대한 기금운용평가단의 의견을 제시하는 총평으로 구분하여 제시
ⅰ) 평가지표별 평가결과는 지표별로 설정된 세부판단기준(아래 〈표 75〉 '기금존치여부 종합의견 결정기준' 참조)에 평가대상 기금이 적합한지 여부를 검토하여, 지표별로 그 평가결과에 대해 그 사유와 판단의 근거를 제시하여 설명함.
ⅱ) 총평은 기금운용평가단이 각 지표별 평가결과를 종합하여 기금의 존치여부에 대한 의견을 최종적으로 제시하는 것으로서 아래의 기금 존치평가 판정절차에 따라 4가지 유형 (1. 존치, 2. 조건부 존치, 3. 예산 또는 타기금에 통합, 4. 폐지 또는 민간전환)중 하나로 제시(붙임 1, 2 참조)

[그림 9] 기금존치 판정 절차 요약

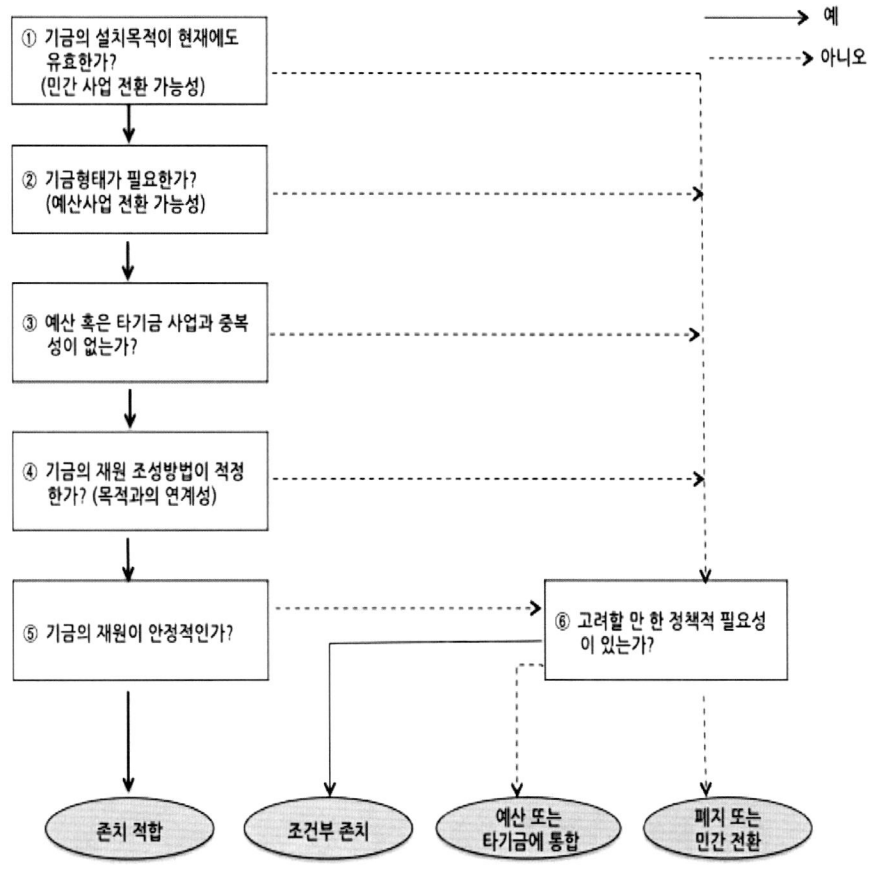

<표 75> 기금 존치 여부 종합 의견 결정 기준

평가지표	세부 판단기준	판단결과
①기금의 설치목적이 현재에도 유효한가?(민간사업과의 차별성) 〈평가지표 1.1〉	i. 정부가 기금을 설치한 목적이 변화된 경제·사회적 환경에 부합되지 않는가?(민간사업으로 전환할 필요가 있는가?) ii. 기금의 설치목적이 이미 달성되었거나 앞으로 달성이 불가능하다고 판단되는가? iii. 기금의 중장기 운용비전이나 방향이 당초 또는 변경된 기금의 설치목적을 달성하기에 적합하지 않은가?	i~iii 중 하나 이상 예 → ⑥
		해당사항 없음 → ②
② 기금형태가 필요한가? (예산과의 차별성) 〈평가지표 1.2〉	기금사업을 예산(일반회계, 특별회계)으로 편성할 경우에도 적절한 집행이 가능한 사업이 대부분(총사업비 기준 2/3)인가?	예 → ⑥
		해당사항 없음 → ③
③ 기금사업이 예산 또는 다른 기금과 차별성이 있는가? (중복성 여부) 〈평가지표 2.1 및 2.2〉	현재 기금에서 수행하는 사업이 일반회계, 특별회계 또는 타 기금에서 수행하는 사업과 중복되거나 중복될 개연성이 있는가? (중복되는 비율이 총사업비 기준 20%를 넘는가?)	예 → ⑥
		해당사항 없음 → ④
④ 재원조성방법이 적정한가? 〈평가지표 3.1〉	i. '09년 자금수지총괄표상 자체수입이 [사업비+기금관리비+사업운영비+차입금이자 상환]의 2/3이하인가? ii. '09년 기금조성계획표상 총조성에서 정부출연과 차입금이 차지하는 비중이 1/2 이상인가? iii. 수익자, 원인자, 손괴자 부담원칙에 부합하지 않는 재원이 있는가?	i~iii 중 하나 이상 예 → ⑥
		해당사항 없음 → ⑤
⑤ 기금의 재원확보가 안정적인가? 〈평가지표 3.2〉	재원의 안정적인 확보가 여의치 않아 향후 기금의 목적 달성을 위한 사업을 수행하는데 장애가 예상되는가?	예 → ⑥
		해당사항 없음 → 존치
⑥ 고려할만한 특수한 정책적 필요가 있는가?	기금설치 근거법률 이외의 특별법 제정이나 국제 협약, 정부의 정책적 고려 등 예외적으로 불가피하게 기금으로 유지할 필요가 있는가?	예 → 조건부 존치
		해당사항 없음 → 통합 또는 폐지

2. 문화콘텐츠진흥 기금 설치의 필요성

가. 모태펀드 문화계정 한계

1) 음악과 애니메이션 부문 등에 펀드 투자의 어려움

펀드는 투자 위주인데 투자가 가능한 장르는 영화, 게임, 방송프로그램 등에 국한되다 보니 극심한 장르 불균형과 소외장르가 발생한다. 음악, 애니메이션/캐릭터 같은 장르는 투자보다 융자를 포함한 다른 방식의 지원이 필요하다. 음원은 제작기간이 짧고 소요되는 재원이 5천만–1억 원의 소액이고, 음원 제작의 관행이 펀드의 투자를 받기에 적절하지 않다. 그리고 애니메이션/캐릭터의 경우 기획부터 캐릭터 탄생, 이후 투자금 회수에 걸리는 기간이 길고 수익성이 낮기 때문에 펀드 투자가 별로 이루어지지 않는다. 따라서 애니메이션/캐릭터 부문에도 융자를 포함한 다른 방식의 재원이 필요하다. 따라서 음악, 애니메이션/캐릭터와 같은 부문의 지원을 위해서는 모태펀드가 아닌 지원이 필요하고 이것이 문화콘텐츠진흥기금의 설치가 필요한 중요한 요인이 된다. 아래에서는 음악산업과 애니메이션/캐릭터 산업에서 펀드 투자가 어려운 이유에 대해서 보다 자세히 살펴본다.

(1) 음악산업에 펀드투자의 어려움

최근의 K-Pop 열풍으로 콘텐츠 산업 내에서 음악 산업에 대한 관심은 높아지고 있으나 실제로 음악 산업의 경우 음악 산업의 특성에 대한 이해가 선행되지 않은 상태에서 외부의 투자를 이끌어 오기가 거의 불가능한 실정이다.

음악 산업은 프로젝트의 제작 과정이 매우 짧은 편이고, 프로젝트 당 제작비용 역시 타 장르에 비해 규모가 작은 편이어서 펀드 투자가 이루어지기는 어려운 상황이다. 실제로 업계 관계자들에 따르면, 기존에 데뷔한 가수의 경우 대략 3개월 내의 제작 기간을 거쳐 디지털 싱글 앨범을 발매하게 되며, 앨범의 녹음과 뮤직비디오 촬영, 의상 등 아티스트의 콘셉트 비용을 합쳐서 대략 1억 5천만 원 수준의 제작비가 발생하게 된다. 영화 한 편의 제작비가 적게는 30억 원에서 많게는 100억 원을 훌쩍 넘어서는 것을 상기해 본다면, 음악 산업의 프로젝트 규모가 상대적으로 작은 규모임을 확인할 수 있다.

프로젝트 당 제작비 규모가 다른 장르보다 상대적으로 작은 것도 펀드의 투자가 쉽지 않은 부분이기도 하지만, 모태펀드와 같은 외부 펀드의 투자가 어려운 보다 큰 이유는 음악 산업의 앨범 제작 주기가 매우 짧다는 데 있다.

좀 더 구체적으로 살펴보자면, 영화나 드라마 작업의 경우 시놉시스의 발굴 단계를 비롯하여 투자자를 모집하고 제작팀을 꾸리는 프리 프로덕션의 단계에서 실제 촬영에 임하는 프로덕션의 단계, 편집 등의 후반 작업을 거치는 포스트 프로덕션의 단계가 최소 6개월에서 최대 1년 이상의 시간이 걸리는 게 대부분이다. 하지만, 음악 산업의 경우 최근 정규 앨범을 제작하는 것보다 주로 디지털 싱글 앨범을 발매하는 것이 대세로 자리 잡다 보니, 하나의 프로젝트가 진행되는 주기가 3개월 내외로 매우 짧다.

한 아티스트(그룹이나 솔로 모두)의 앨범을 제작하기 위해서는 우선 작곡가들에게 곡을 수집하고, 앨범 콘셉트를 잡고, 녹음과 뮤직비디오 제작 후 음원 시장에 출시하기까지 짧게는 한 달, 평균적으로는 석 달 안에 하나의 프로젝트가 마무리되는데, 이와 같이 음악 산업은 매우 짧은 제작 주기를 갖는 장르이다. 이는 음악 산업이 시장의 변화에 민감하게 대응하는 장르이기도 하며, 앨범 제작 등과 관련하여 매우 신속한 의사 결정이 필수적으로 뒷받침되어야 한다는 것을 의미한다.

하지만, 제작 주기가 짧다고 해서 제작비의 회수 주기가 짧은 것은 아니라는 점에서 투자 대비 수익률을 고려할 수밖에 없는 펀드의 경우 직접적인 투자를 어렵게 만드는 요인으로 작용한다.

일반적으로 외부 펀드의 투자를 받기 위해서는 투자 심의위원회가 결성되어 투자 적합도를 심의하는 과정을 거쳐야 하는데, 이 과정의 물리적 시간이 음악 산업의 프로젝트 제작 주기와 맞지 않게 되는 것이다. 여기에 대부분의 콘텐츠 산업이 그러하지만, 음악 산업의 경우 특히 인지도가 높은 아티스트가 발매한 음반이 꼭 성공적이라는 보장이 없으며, 프로젝트의 성공 가능성을 업계 종사자의 감이 아닌 수치화된 데이터로 정리하는 데 어려움이 따르게 된다. 게다가 대부분의 제작 기획사들이 재무적인 시스템을 갖추고 있지 않거나, 최근 들어서야 겨우 갖추기 시작했기 때문에 투자자들에게 가시적으로 제시할 수 있는 투자 성공 가능성에 대한 데이터를 마련하기 어렵다는 것도 펀드의 투자를 어렵게 만드는 요인으로 작용한다.

이러한 상황이다 보니, 현재 자체적으로 자금 동원이 가능한 소수 대형 기획사들의 경우 자체적으로 앨범을 제작하고 마케팅을 하지만, 자금사정이 원활하지 못한 중소 규모의 제작사들은 재무적 자생력이 취약하여 외부의 도움을 필요로 하고 있으나 실제 투자를 받기에는 시스템의 미비 등이 어려움으로 작용하고 있다.

따라서, 현재 대부분의 중소 규모 기획사들은 유통회사들에게 선급금의 형태로 투자를 받아 앨범을 제작하게 된다. 이때, 유통사들은 선급금을 주는 대신 기획사들이 자체 제작하는 경우보다는 약 10% 정도 높은 유통 수수료를 책정하고 있다.

이와 같은 선급금 제도는 당장 자금의 유통이 어려운 중소 규모의 기획사들에게는 급한 불을 끌 수 있게 해 주지만, 실제로는 필요악으로 기능하고 있는 점도 간과할 수 없다. 선급금의 규모는 작게는 5천만 원에서 많게는 2억~30억 원에 이르기까지 계약별로 매우 다양한데, 일단 선급금을 지급 받아 앨범을 제작하는 경우, 음원 유통으로 매출이 발생하더라도 선급금을 상계하기 전에는 실제로 기획사들에게 발생하는 매출은 제로가 되게 마련이다. 즉, 유통사들로부터 받아 쓴 선급금을 우선 상계하고 난 후, 그보다 더 많은 매출이 발생하는 경우에야 비로소 기획사의 매출이 발생하게 되는데, 실제로 이렇게 앨범 하나를 발매하여 선급금을 모두 상계하고 기획사가 매출을 일으키게 되는 경우가 극히 드물게 된다.

따라서 기획사들은 단발성 프로젝트에 대한 선급금을 유통사에게 투자 받기보다, 기획사에 소속되어 있는 아티스트들을 묶어 선급금의 규모를 키운다거나 기존의 선급금이 상계될 무렵 새로운 선급금을 받아 제작을 시도하고 있어 선급금에서 벗어나기 쉽지 않은 상황이다. 또한 유통사의 입장에서는 선급금을 지급한 앨범에 대한 마케팅에 힘을 더 쏟게 마련이어서, 중소 규모의 제작 기획사들은 어느 순간부터 선급금에 매여 있는 상황이라고 해도 과언이 아니다.

여기에 앞서도 언급했듯이 전문 투자 기관을 통한 투자는 투자 유치와 관련한 물리적 시간의 문제 외에도 투자 적합도를 판단하는 평가 시스템이 기존의 투자 참여와 콘텐츠 투자 간에는 차이가 있다. 현재 선급금을 통해 투자를 하고 있는 유통사의 경우 같은 업계에서 작업을 해 옴으로써 얻게 된 경험치와 개별 아티스트의 성장 가능성, 기획사의 기존 경영 능력(매출의 수치적 성과가 아니라 아티스트에 대한 매니지먼트 및 마케팅 등 전반적인 능력)과 인적 자원 등을 바탕으로 나름의 투자심의위원회를 거쳐 투자를 진행하고 있는데, 이러한 의사 결정이 1주일에 두 건 이상이 진행되기도 한다. 즉, 일반적인 투자 관행으로는 이해하기 어려운 투자가 이루어지기도 하고, 그 역시도 매우 빠른 주기로 이루어지고 있다는 것이다.

기존에 존재하는 펀드의 경우 실제로 음악 산업에 대한 투자를 원하고 있으나, 이러한 산업에 대한 이해도 부족과 복잡한 절차상의 문제로 인해 실제 투자로는 이루어지지 못하고 있는 상황이다.

여기에 최근 들어 각 디지털 유통 사업자들이 신규 음원의 추천 제도를 적극 도입함으로써 유통사의 헤게모니가 강화되고 있는 상황이기도 하다. 실제로 유통사업자들의 음원 추천 제도는 소비자들에게 그 영향력이 막강해, 100위 권의 노래가 20위 권, 40위 정도 순위의 음원이 5위 권으로 치고 올라갈 수 있는 발판을 마련해 주기도 한다. 따라서 기존의 제작사들은 선급금을 받아 음반을 제작하고, 선급금을 지급한 유통사는 선급금의 원활한 회수를 위해 그 음원을 추천하여 매출을 증대시키고자 하기 때문에 중소 규모의 제작사들은 선급금이 족쇄가 될 수 있음을 알면서도 이를 외면하기 어려운 실정이다.

따라서 기존의 펀드 형태의 투자가 아닌 유통사의 선급금을 대체할 수 있는 기금을 통한 융자 및 투자가 의사 결정의 신속성과 산업에 대한 이해가 선행될 수 있다는 점에서 긍정적으로 검토해 볼 만 할 것이다.

특히, 선급금의 투자에 대한 경험치가 쌓여있는 유통사들과의 협업을 통해 기금의 투자 평가 시스템을 구축하는 데 도움을 받을 수 있을 것이며, 기획사와 유통사 간의 헤게모니 다툼에 기금이 일정 수준 선순환 구조를 구축하는 데 도움을 줄 수 있을 것으로 판단된다.

또한 단기적, 단발성 프로젝트에 대한 투자보다는 장기적인 안목에서 기금을 운용함으로써 인지도 높은 아티스트의 앨범 하나를 제작하는 것이 아니라 기존의 노하우를 바탕으로 신규 아티스트를 발굴해 내고, 해외 시장을 개척하는 데 있어 기금이 일정 수준 기여를 할 수 있을 것으로 판단된다.

(2) 애니메이션산업에 펀드 투자의 어려움

애니메이션의 경우 모태펀드를 통한 지원에 한계가 있다. 모태펀드 문화계정에서 애니메이션/캐릭터 부문에 투자된 금액은 6.9%에 불과하고, 이 투자된 금액도 제대로 활용되지 못하고 있는 실정이다. 모태펀드가 출자된 애니메이션/캐릭터 전문투자조합의 3개가 결성되었다. 이 3개 투자조합의 결성금액은 590억 원(모태펀드 출자액은 236억 원)이었지만, 2011년 5월 기준으로 투자된 금액은 45편 337억 원으로 결성금액의 57%에 불과하다. 3개 펀드 중 2개는 이미 청산되었으며, 1개 펀드는 2012년 7월에 투자기간이 만료 예정이므로 투자기간이 얼마 남지 않아 과소투자가 예상된다.

이와 같이 애니메이션 부문에 펀드 투자가 미흡한 이유로는 크게 두 가지를 들 수 있다. 첫째로, 애니메이션은 투자 회수기간이 통상 3년~5년으로 길고 불확실성이 높아 투자를 기피한다. 애니메이션의 경우 기획에서 탄생에 소요되는 기간의 2년~5년이 소요되고, 캐릭터가 탄생한 이후에도 투자비를 회수하는 기간이 다시 2년 정도 소요된다.[57] 둘째로, 애니메이션 투자의 수익률이 매우 저조하다는 점이다. 애니메이션 기업 전체를 수익률에 대한 조사되지 않았지만, 국내 최대 애니메이션 사업자인 대원미디어의 경우 이윤율이 매우 낮은데, 연도별 순이익률은 2008년에 6.83%, 2009년에 11.06%, 2010년에 1.64%, 2011년에 -0.10%였다. 이 보다 규모가 작은 애니메이션 사업자의 이윤율은 대체로 대원미디어보다 낮을 것으로 판단된다. 방송용 애니메이션의 경우 방송 시 청률이 최근에 하락하여 방송사로부터 제작비의 15%내외의 초방 비용을 받고 있기 때문에 수출과 OSMU를 통한 수입(收入)에 크게 의존하고 있다.

2) 문화콘텐츠 육성을 위해서 융자가 필요

콘텐츠 기업의 경영상 가장 어려운 분야는 "투자유치 및 자금조달"을 들었다. 2011년 조사에서는 기업경영상 가장 어려운 분야는 "투자유치 및 자금조달"(47.6%)이었으며, 판로확보(24.9%), 인력부족(16.1%) 등이 뒤를 이었다.[58] 2010년도 조사에서는 콘텐츠 기업의 애로요인으로 70%의 업체가 자금 조달 곤란을 꼽았으며, 다음으로 인력 수급의 어려움(56%), 임대료·인건비 등 고정비용 상승(42.6%)의 순으로 나타났다(이상 복수응답). 콘텐츠 기업들은 콘텐츠 개발과 제작 투자를 위해서 자금을 차입해야 하지만, 담보여력 부족과 까다로운 대출조건이 애로요인인 것으로 조사되

---

57) 2000년 이후에는 캐릭터를 기획하는 과정에서부터 OSMU를 염두에 두기 때문에 성공적인 캐릭터들은 그 캐릭터가 탄생되고 나서 OSMU로 확장되는 데에 그다지 오랜 시간이 걸리지 않고 있다.
58) 중소기업중앙회(2011), 『콘텐츠 중소기업 경영상화 및 애로조사 결과 보고서』.

었다.[59)]

현재 정부가 콘텐츠 업체에게 정책적으로 지원할 수 있는 지원제도로는 중소기업진흥공단의 정책자금, 문화부의 완성보증제도, 방송진흥기금, 문화수출보험의 네 가지가 있는데, 아래에서 운용현황에 대해서 간략히 검토한다.

첫째로는 중소기업진흥공단이 지원하는 정책자금을 콘텐츠 기업이 받을 수 있다. 이 자금은 한 중소기업에게 45억 원까지 연리 약 4%로 융자해주는 제도로 지원규모는 3조 3,330억 원이다. 대부분의 콘텐츠 기업이 중소기업이므로 융자요건을 갖추고 있다.

둘째로는 2009년 10월에 도입된 완성보증제도가 있다. 이 제도는 물적 담보 없이 콘텐츠의 완성을 보증하여 저리로 융자하는 제도로 프로젝터 건당 30억 원 내에서 시중 금리로 대출하고 있다. 이 제도에 문화부가 100억 원을, 수출입은행 등 은행권이 170억 원을 출연하여 약 10배의 레버리지를 일으켜 총 2,200억 원을 대출할 수 있다. 이 제도를 통해 융자를 받으려면 신청사업 프로젝터에 대한 선 판매 계약이 체결되어야 한다. 이 선 판매 계약을 근거로 기술보증기금이 보증서를 발급하고 이에 근거하여 은행이 대출해 준다.

2009.10월부터 완성보증 추천위원회를 개최하였고, 추천작에 대해 금융지원을 하고 있다. 총 23회의 추천위원회가 개최(169건 접수)되어 95건이 추천되었고, 2012년 3월까지 45건(490.2억 원)이 대출 승인되었다. 콘텐츠 기업의 신청 액수의 30.8%인 490.2억 원이 보증되었고, 콘텐츠 기업의 신청 건수의 26.6%인 45건이 보증되었다. 따라서 완성보증 제도가 기업들의 금융 필요를 충족시키지 못함을 알 수 있다.

<표 76> 완성보증 신청 대비 실적(2012년 3월 기준)

구 분	신 청	추 천	보증완료	신청대비 보증 비율(%)
건 수	169건	95건	45건	26.6
액 수	1,590억 원	1,108억 원	490.2억 원	30.8

출처 : 한국콘텐츠진흥원 내부자료

셋째로는 방송제작자에게 융자해주는 방송진흥기금이 있다. 이 자금은 1990년대 중후반에 2차 SO와 지역 민방으로부터 받은 면허료를 모아서 만든 기금으로 (구)방송진흥원이 관리하다가 현재 한국콘텐츠진흥원이 관리하고 있다. 기금 총액은 274억 원으로 1년을 거치하여 상환하도록 되어 있으므로 자금이 2년씩 순환하는데 연간 약 140억 원의 대출이 가능하다. 이 기금의 경우 담보는

---

59) 문화관광부(2010.9.28.), "콘텐츠 업체 현장애로 실태조사 결과 발표," 보도자료. 이 조사는 문화체육관광부가 2010년 9월 한국콘텐츠진흥원 등 관계 기관 합동으로 전국 258개 콘텐츠 기업의 체감경기와 애로사항에 대해 실태조사를 실시한 결과이다.

제공해야 하지만 대출 이자율이 시중금리보다 연 2%~2.5% 저렴하다.

2009년에서 2011년간 방송진흥기금의 대출현황을 보자. 2009년에는 218억 원의 대출 신청이 있었는데 이중에서 최종적으로 108억 원이 대출되었고, 2010년에는 379억 원의 대출 신청이 있었고 이중에서 124억 원이 대출되었으며, 2011년에는 470억 원의 대출 신청이 있었고 이중에서 76억 원이 대출되었다. 이 기금으로 대출을 받으려는 건수와 신청금액은 빠르게 늘어나고 있으나 대출해 줄 수 있는 기금은 변하지 않으므로, 사업자들이 이 기금으로 대출받을 수 있는 확률은 점점 낮아지고 있다. 이를 통해서도 방송 프로그램 제작자들이 융자에 대한 필요가 매우 크지만 정부가 그 필요를 충족시켜주지 못하고 있음을 알 수 있다.

<표 77> 방송진흥기금 대출 현황(2009-2011년)

(단위 : 억 원, 건수, %)

연도	구분	접수 현황		선정 결과		최종 대출 결과		접수대비 대출비율(%)	
		건수	신청금액	건수	결정금액	건수	대출금액	건수	대출금액
2009	프로그램 제작지원	33	171	30	153	13	74	39.4	43.4
	시설구축 지원	10	48	10	48	8	34	80.0	71.3
	합 계	43	218		200	21	108	48.8	49.5
2010	프로그램 제작지원	48	340	21	174	14	104	29.2	30.5
	시설구축 지원	5	39	5	37	2	20	40.0	51.7
	인건비 지원	3	9	3	6	-	-	-	-
	합 계	56	379	29	217	16	124	28.6	32.7
2011	프로그램 제작지원	25	194	17	102	9	45	36.0	23.4
	프로그램 제작지원	27	191	12	73	3	19	11.1	9.9
	시설구축 지원	13	78	11	50	4	10	30.8	13.2
	인건비 지원	5	8	4	4	1	1	20.0	13.8
	합 계	45	470	27	229	8	76	17.8	16.1

출처 : 한국콘텐츠진흥원 내부자료

넷째로는 한국무역보험공사가 운영하는 문화수출보험을 들 수 있다. 1968년부터 운영되고 있는 수출보험제도의 혜택이 2007년에 영화에 적용되었고, 2009년 4월에는 드라마, 게임, 공연까지 범위가 확대되었다. 문화수출보험의 명칭이 변경되어 수출신용보증(문화콘텐츠)로 변경되었고, 서비스 종합보험(기성고·연불방식)의 적용대상에 콘텐츠(온라인 및 모바일 게임, 영화, 캐릭터, 애니메이션, 방송 등)가 포함되었다. 이 제도로 처음 혜택을 받은 프로젝트는 2008년 3월에 심형래 감독의 <라스트갓파더>이고, 방송 프로그램의 경우 2009년 6월에 KBS의 <결혼 못하는 남자>가 10억 원의 신용 보증을 받았다. 2011년에 감사원은 문화수출보험을 통해 문화상품의 수출을 실질적으로 지원할 수 있도록 지원 대상을 수출계약이 실제 체결된 경우로 제한할 것을 통보하였다.

위에서 보았듯이 현재의 금융지원 제도가 콘텐츠 기업이 필요한 융자 욕구를 해결해 주기에는 부족함을 알 수 있다. 따라서 콘텐츠 기업의 가장 큰 애로 요인인 자금 조달의 어려움을 해결해주기 위해서 콘텐츠기금(가칭)과 같은 융자가 가능한 지원 시스템을 만들어야 한다.

3) 모태펀드는 문화산업의 특수성을 반영하기 곤란함

모태펀드는 '벤처기업육성에 관한 특별법'에 의해서 만들어졌고, 이를 중소기업청에서 관리한다. 따라서 문화부가 자율성을 가지고 정책적으로 필요한 부문에 자금을 투입하는데 한계를 가지고 있다. 모태펀드 문화계정을 중기청이 관할함으로 인해 생기는 가장 큰 문제는 바로 벤특법과 중소기업창업지원법의 적용을 받는데서 나온다. 벤특법은 벤처기업 육성을, 창업지원법은 창업자와 중소기업 육성을 목적으로 제정된 법률이기 때문에 콘텐츠 대기업에 대한 투자가 원칙적으로 불가능하다.

정책자금을 콘텐츠 대기업에 투자하거나 지원하는 것이 바람직하지 않다는 의견이 있을 수 있지만, 해외유통망을 갖고 있는 콘텐츠 대기업이 협력 중소기업과 컨소시엄으로 해외 진출을 꾀하는 경우에도 많은 제약이 따른다. 대표적인 사례가 2011년에 글로벌콘텐츠펀드 조성을 위해 중소기업창업지원법 시행령을 개정한 것이다. 글로벌콘텐츠 펀드는 기본적으로 대규모 해외진출 목적 프로젝트이므로 대기업이 참여해야 하는데, 이 법에서는 대기업이 참여할 수 없었기 때문에 시행령을 개정하였다. 개정 시행령에서는 문화산업전문회사를 통해 프로젝트를 제작하고, 중소기업이 50% 이상 참여하는 경우에 한해서 대기업 참여가 가능하도록 했다.

또한 중소기업창업지원법은 문화산업의 특수성을 전혀 반영하지 못하고 있다. 문화산업은 대부분 콘텐츠를 제작하는 프로젝트 투자로 이루어져 있으나, 창업지원법에서는 프로젝트 투자가 지분투자와 전혀 다른 개념으로 쓰이면서 지분투자에 대한 각종 정의, 규제, 지원하는 내용이 있으나 프로젝트 투자에 대해서는 거의 방치되어 있다.

그리고 영화발전기금이나 방통발전기금에서 이 펀드에 자금을 출연하는 경우에, 위 기금을 관리하는 영화진흥위원회와 방송통신위원회가 해당 자금을 관리하므로 문화부가 원하는 부문에 적절하게 투입할 수 있는 방안이 원천적으로 봉쇄되어 있다. 또한 영화발전기금과 방통발전기금에서 출연된 금액은 각각 영화와 방송 부문에만 투자해야 하는 제한이 있기 때문에 콘텐츠의 전 장르에 걸친 균형있는 투자를 하기 어렵다.

콘텐츠 산업의 대부분이 중소업체로 이루어져 있지만, 중소기업의 육성이 곧 콘텐츠 기업의 육성으로 일대일 대응 가능한 것은 아니다. 왜냐하면 중소기업창업지원법은 제조업 중심의 법이기 때문에 문화산업이 갖는 고수익 고위험 구조, 회사보다는 콘텐츠 자체에 대한 평가의 중요성, 그리고 재무제표 등을 통한 회사 가치, 물적 담보 능력 등의 특수성을 반영하지 못하기 때문이다. 제조업 중심의 중소기업 육성법은 콘텐츠 산업 육성법과는 다르기 때문에 궁극적으로는 콘텐츠 특성에 맞는 법체계를 따르는 투자가 필요하다.

나. 문산기금 폐지 시점과 달라진 환경 변화

문화산업진흥기금은 1999년에 설치되었다가 2004년 기금 존치 평가에서 폐지대상으로 분류되어, 2006년에 폐지되었고 이 기금의 자산은 2007년부터 모태펀드 문화계정으로 이관되었다. 문화산업진흥기금의 폐지 사유를 앞에서 정리한 바 있지만, 여기서 2004년 『기금존치평가보고서』에서 문화산업진흥기금에 대한 총평을 먼저 보자.

> 문화산업진흥기금은 21세기 지식정보산업의 핵심인 문화산업에 대한 투융자 지원을 통한 문화산업의 국제경쟁력 강화 및 수출증진 도모를 위해 1999년에 설치되었음. 기금사업이 융자사업 위주로 되어있음에도 불구하고 융자사업의 실적이 계획보다 저조하고 기금에 의한 문화산업 육성의 효과가 뚜렷이 나타나지 않고 있어 본 기금이 문화산업육성이라는 기금 설치 목적을 달성하고 있는지에 대해서는 보다 철저한 검정이 필요함.
> 문화진흥기금의 제반 사업은 기금의 설치목적 달성은 위한 명확한 로드맵 없이 시설 및 상품개발에 대한 융자 및 출자조합투자 방식 등 기업들의 수요에 따라가는 수동적인 지원을 위주로 하고 있으며, 사업 내용과 목적이 일반예산 사업, 방송발전기금, 문화예술진흥기금, 정보화촉진기금, 중소기업진흥및산업기반기금 등과 일부 중복되는 문제점을 안고 있음.
> 본 기금의 주요 수입원은 정부출연금으로 별도의 재원이 없으며 장기적인 운용은 융자원금 회수와 이자수입으로 충당할 계획이며, 새로운 재원 발굴도 가시화되어 있지 않아 기금 수입의 중장기적 안정성에 문제가 있을 것으로 예상됨.
> 문화산업은 대부분의 기업이 영세하고 그 수익구조가 취약하여 민간의 자발적인 투자 유치가 어렵고 문화산업의 균형적인 발전을 도모하기 위해 정부기금 형태의 유지가 필요하다는 주장도 있으나, 이자율 차이만 국가에서 보조하고 민간자금을 활용하여 대출자금으로 사용하는 것이 국가 재원의 효율적인 활용이라는 차원에서 보다 바람직할 것임. 기금의 경상사업은 신축성이 크게 요구되지 않고 융자사업은 수요예측에 어려움이 없으므로 이차보전 형태로 일반예산에 편성하여도 큰 문제가 없을 것으로 판단됨.
> 따라서 문화산업진흥기금의 경우 기금 재원이 일반회계에 의존하고 사업의 신축성이 크게 요구되고 있지 않기 때문에 융자사업을 이차보전 형식으로 전환하여 기금을 폐지하고 일반예산사업에 통합하는 것이 바람직하다고 판단됨.

기금 존치평가의 6개의 평가지표별로 문산기금의 폐지결정을 내리던 시점의 상황과 현재의 상황을 비교하면서 이 총평의 내용을 검토해보자.

첫째로, 2004년 기금 존치평가에서는 기금의 설치목적의 유효성에 대해서 구체적으로 언급하지 않았고, 문산기금의 사업실적이 저조하므로 설치 목적을 제대로 달성하지 못하고 있다는 평가를 내리고 있다. 이 평가가 이루어진 2004년은 문산기금이 설치된 지 5년째로 이 기금에 대한 콘텐츠 사업자들의 이해가 부족하였고, 이 기금의 운영을 담당한 한국문화콘텐츠진흥원은 2001년 8월에 출범하였기 때문에 조직이 안정화되지 않은 시점에 이루어진 사업에 대한 평가를 받았다.

현재에는 콘텐츠 사업자들에게 정책 금융 제도가 잘 알려져 있고, 콘텐츠진흥기금을 운용할 한국콘텐츠진흥원이 체계화되어 있다. 현재에 콘텐츠 사업자에 대한 정책 금융제도가 있지만, 위에서 보았듯이 정책금융의 규모가 수요에 비해서 공급이 턱없이 부족하다. 따라서 현 시점에 콘텐츠기금을 만들어 융자사업을 실시할 경우 융자 사업 실적이 계획에 대비하여 부족한 사태는 일어나지 않을 것이다.

문화산업은 정부의 적절한 지원이 이루어질 경우 부가가치를 생산하고 고용을 늘리며 국가 브랜드를 고양할 수 있는 산업이지만, 문화산업에 종사하는 사업자는 아직도 대부분 영세하여(중소기업의 규모를 벗어난 기업은 10여개에 불과하다) 정부의 자금 지원과 하부구조 지원이 필요한 상황이다. 콘텐츠진흥기금의 설치를 통해서 문화산업 업계에서의 필요를 충족시켜야 한다.

둘째로, 2004년 기금 존치평가에서는 기금 형태의 필요성에 대해서는 강하게 부정하고 있다. 문산기금은 경상사업과 융자사업으로 이용되는데, 이 두 사업은 신축성이 요구되지 않고 수요예측에 어려움이 없으므로 일반예산에 편성해도 된다는 평가를 내리고 있다. 평가를 내리던 2004년 이전에는 문산기금이 투자 사업에 이용되지 않음으로써 이러한 평가가 가능했지만, 문산기금이 모태펀드로 편입되어 투자 사업에 이용되고 있고, 투자 사업은 일반예산으로 수행하기는 어려울 것이다. 따라서 콘텐츠 진흥기금과 같은 기금 형태가 필요하다. 콘텐츠 기업의 투자 수요와 융자 수요의 규모는 경기의 변동에 따라서 달라지므로 일반 예산으로 충당하기에 어려움이 있다.

셋째로, 2004년 기금 존치평가에서는 사업내용과 목적이 일반예산 사업과 다른 기금 사업과 일부 중복된다는 평가를 내리고 있다. 그러나 2012년 현재의 시점에서 보면 콘텐츠 진흥 기금의 사업 목적과 예산은 일반예산 사업 및 다른 기금 사업과 그다지 중복되지 않는다. 일반 예산사업에서는 문화콘텐츠 산업에 융자나 투자를 하는 사업항목이 전혀 없다. 그리고 기금 중에서는 방송통신발전기금과 정보통신진흥기금과 약간 중복된다. 방송통신발전기금의 용도에 '방송통신콘텐츠 제작·유통 지원'이 포함되어 있고 실제 지원도 이루어지고 있다. 정보통신진흥기금에서 디지털콘텐츠 제작 지원에 소액 지원한다. 방송 콘텐츠 제작 지원은 방통위와 문화부가 업무 영역이 중복된 부문이고, 방통발전기금은 방송 콘텐츠만 지원하므로 게임, 음악, 캐릭터 등 다른 콘텐츠 부문에는 전혀 지원이 이루어지지 않고, 정보통신진흥기금의 경우 온라인과 모바일용 콘텐츠에 10억 원 지원되므로 거의 무시할 수 있을 정도이다.

따라서 콘텐츠진흥기금의 사업 내용과 목적은 2004년의 존치 평가보고서에 중복된다고 예시된 일반사업, 문화예술진흥기금, 중소기업진흥및산업기반기금과는 전혀 중복되지 않고, 정보화촉진기금의 경우 거의 무시할 수 있는 수준으로 중복되고 있고, 다만 방송발전기금과 중복되는 측면이 있지만 이 기금은 방송 콘텐츠에만 지원되고 있다. 따라서 현재의 시점에서 보면 콘텐츠진흥기금은 일반예산 사업과 다른 기금의 사업과 중복되지 않는다는 평가를 내릴 수 있다.

넷째로, 2004년 기금 존치평가에서는 문산기금은 수입의 대부분이 재정에서 충당되기 때문에 재원과 사업 간의 연계성이 극히 낮은 것으로 평가하였다. 실제로 문산 기금의 재원의 거의 100% 정부출연금으로 이루어졌다. 하지만 콘텐츠 진흥기금의 경우 IT, 문화 및 관광과 연관된 기금으로부터 출연을 받고, 콘텐츠 대기업으로부터 부과금을 받아서 운영할 계획이고, 이 계획대로 추진될 경우에 재원과 사업 간의 연계성이 높은 것으로 평가받을 수 있다.

다섯째로, 2004년 기금 존치평가에서는 추가재원을 조달하는 방안의 수립이 미흡하므로 향후 기금재원의 안정성이 우려된다고 평가하였다. 콘텐츠진흥기금의 경우 관련된 타 기금으로부터 출연을 받고 콘텐츠 대기업으로부터 부과금을 받는 방안을 마련하고 있다. 이 방안이 실현되면 콘텐츠진흥기금 재원은 안정적일 수 있다.

여섯째로, 2004년 기금 존치평가에서는 고려할만한 정책적 필요성에 대해서 언급하지 않고 있다. 만약 위의 다섯 가지 평가지표에서 결격사유가 발생하더라도 정책적 필요성을 인정받게 되면 그 기금은 존재할 수 있게 된다. 따라서 콘텐츠진흥기금의 정책적 필요성을 인정받을 수 있는 논리를 만들어 둘 필요가 있다.

2012년 현 시점에도 문화 콘텐츠 산업의 육성이 전체 정부 차원에서의 정책적 과제로 인식되지 못하고 있다. 기획재정부는 서비스 산업의 중요성을 강조하고 있지만, 정부의 정책 기조는 여전히 제조업의 경쟁력 강화에 놓여 있다. 청년실업, 고령화 등으로 심각한 실업 문제를 해소하는 방안을 검토할 때에는 서비스 산업의 육성이 등장하는 정도이다.

문화산업을 정책적으로 지원할 필요성에 대해서 간략히 언급해 보자. 문화 콘텐츠의 해외 수출이 활기를 띠면서 한류라는 용어까지 생겨나고, 한류의 경제적 파급효과가 4조가 넘는다고 보고되고 있다. 또한 문화 콘텐츠 산업의 시장 규모가 IT산업에 버금갈 정도로 크고, 한국이 문화 콘텐츠 시장을 선도하기 위해서 정부의 지원이 필요하다. 이와 같이 문화산업에 대한 지원이 정책적 과제로 인정받아야 한다는 주장이 제기되고 있지만, 국가 전체적으로 이 주장에 귀를 기울이는지는 의문이다.

이러한 경제적 측면뿐만 아니라 문화적 측면의 효과도 동시에 강조할 필요가 있다. 한류는 국가의 브랜드를 제고하고 민족의 자긍심을 높이는데 지대한 역할을 한다. 이러한 문화적 사회적 효과를 공감하고 콘텐츠 진흥 기금의 필요성에 대한 동의가 전체 정부 자원에서 이루어져야 한다.

다. 콘텐츠 기금의 형태가 필요한 이유

1) 예산과 기금의 차이

정부 재정은 일반회계와 특별회계로 구분하고, 필요시 별도로 기금을 설치·운용할 수 있도록 되어 있다. 국가재정법에 따르면 일반회계는 "조세수입 등을 주요 세입으로 하여 국가의 일반적인 세출에 충당하기 위하여 설치"하고(4조 2항), 특별회계는 "특정한 사업을 운영하고자 할 때, 특정한 자금을 보유하여 운용하고자 할 때, 특정한 세입으로 특정한 세출에 충당함으로써 일반회계와 구분하여 계리할 필요가 있을 때" 법률로써 설치할 수 있도록 되어 있다(4조 3항). 기금은 "국가가 특정한 목적을 위하여 특정한 자금을 신축적으로 운용할 필요가 있을 때에 한하여 법률로써 설치"하는데(5조 1항), 예산과 달리 "세입세출예산에 의하지 아니하고" 운용이 가능한 특성이 있다(5조 2항). 즉 기금은 국가가 특별한 정책 목적을 실현하기 위해 세입세출예산의 엄격성을 완화하여 탄력적으로 대처하기 위한 자금인 셈이다.

기금은 예산과는 달리 조세수입보다는 출연금이나 부담금을 재원으로 하며, 특정목적 사업의 추진을 위해 수입과 지출의 연계가 강하게 나타난다. 또한 기금은 예산에 비해 더 많은 자율성과 탄력성이 허용되는데, 현행 법령에서는 금융성 기금은 30%, 기타 기금의 경우 20% 범위 내에서 국회 의결 없이 변경이 가능하다. 다만 최근에는 기금운용계획 확정 및 기금결산 절차가 세입세출예산 확정 및 세입세출예산과 동일한 절차로 국회 의결을 거치게 되어 재정운용수단으로서의 본질적인 차이는 좁혀지는 추세이다. 이러한 예산(일반회계, 특별회계)과 기금의 차이를 정리하면 아래 〈표 78〉과 같다(국회예산정책처, 2012, 42쪽).

<표 78> 예산과 기금의 비교

구분	예산		기금
	일반회계	특별회계	
설치사유	- 국가고유의 일반적 재정 활동	- 특정사업 운영 - 특정자금 운용 - 특정세입을 특정세출에 충당	- 특정목적을 위해 특정자금을 운용
운용형태	- 공권력에 의한 조세수입과 무상급부 원칙	- 일반회계와 기금의 운용형태 혼재	- 출연금·부담금 등 다양한 재원으로 다양한 목적사업 수행
수입지출 연계	- 특정수입과 지출의 연계 배제	- 특정수입과 지출의 연계	- 특정수입과 지출의 연계
확정절차	- 부처의 예산 요구 - 기획재정부의 정부예산안 편성 - 국회의 심의·의결로 확정		- 기금관리주체의 기금운영계획안 수립 - 기획재정부 장관과 운용주체 간의 협의·조정 - 국회의 심의·의결로 확정
집행절차	- 합법성에 입각하여 엄격히 통제 - 목적외 사용 금지		- 합목적성 차원에서 상대적으로 자율성과 탄력성 보장
계획변경	- 추경예산 편성 - 이용·전용·이체		- 주요항목 지출금액의 20% 초과 변경시 국회의결 필요(금융성 기금의 경우 30%)
결산	- 국회결산 심의·의결		

* 출처 : 국회예산정책처(2012) 『2012년도 대한민국 재정』, 42쪽

이처럼 일반회계와 특별회계는 행정부가 직접 편성하고 의회의 심의를 거쳐 집행한다. 재원의 대부분은 국민의 세금(세입)으로 마련되고 각종 경상 사업을 통해 회계연도 내에 거의 소진(세출)한다. 기금은 특정 목적을 위해 설치·운영되고 수입과 지출이 연계된다는 점에서 특별회계와 유사한 면이 있지만, 1) 세입이 아닌 다양한 방식으로 재원을 조성하고, 2) 정부가 아닌 준정부 조직이나 민간 기관이 실제 자금관리와 사업집행을 담당할 수 있으며, 3) 국회 의결 없이도 일정 범위 내에서 지출 내용과 규모를 변경할 수 있다는 점에서 예산과 상당한 차이가 있다. 문화콘텐츠산업 진흥 재원이 예산이 아닌 기금 형태이어야 하는 이유 또한 여기에서 찾을 수 있다.

2) 사업목적과 용도의 특수성

앞서 살펴본 바와 같이 콘텐츠기업 경영에서 가장 큰 애로사항은 '투자 유치 및 자금조달'로 나타나고 있다(문화체육관광부, 2010). 성공하면 이익은 크지만 그만큼 많은 자본과 위험성을 담보로 하는 전형적인 '고위험 고수익' 사업군에 속하기 때문이다. 따라서 이러한 문화콘텐츠산업 진흥은 일반적인 경상사업이 아닌 금융사업의 지원을 필요로 한다. 정부에서는 이러한 형태의 금융수요를 지원하기 위해 재정융자사업을 시행하고 있는데, 대부분 예산이 아닌 기금의 형태로 운용되고 있다는 점에 주목할 필요가 있다.

재정융자사업이란 국가가 정책목표의 달성을 위해 국가의 제도 또는 신용을 배경으로 조성된 각종 공공자금을 특정 대상에게 융자하는 사업을 말한다(국회예산정책처, 2012, 39쪽). 융자금은 금융시장으로부터 필요한 자금을 공급받는데 어려움이 있는 계층이나 기업에 보다 완화된 기준에 의거해 자금을 공급해줌으로써 해당 계층의 자금부족현상을 완화시키고, 시중금융기관보다 낮은 금리로 대출함으로써 융자대상자의 이자부담을 완화시켜주는 기능 등을 수행한다. 아래 〈표 79〉는 최근 5년간 정부 재정융자사업의 추이를 보여준다. 2012년의 경우 17개 부처가 134개 사업에 총 27조 6,040억 원을 지원할 예정이며, 이 중 특별회계가 1조 2,465억 원(4.5%), 기금이 26조 3,575억 원(95.5%)의 융자사업을 수행한다. 일반회계에서 재정융자사업을 추진한 전례는 없다.

<표 79> 연도별 재정융자사업 추이

구분		2008년	2009년	2010년	2011년	2012년
정부 총지출		262.8조원	301.8조원	292.8조원	309.1조원	325.4조원
융자사업 지출		25조 1,993억원	26조 1,211억원	25조 6,802억원	26조 1,801억원	27조 6,040억원
	특별회계	1조 5,687억원	1조 3,979억원	1조 2,693억원	1조 3,910억원	1조 2,465억원
	기금	23조 6,306억원	24조 7,232억원	224조 4,109억원	24조 7,890억원	26조 3,575억원

* 출처 : 국회예산정책처(2012) 『2012년도 대한민국 재정』, 39쪽 수정 인용

이처럼 정부에서 특정목적을 위한 융자사업을 추진하는 경우 기금 형태로 운용되는 것이 일반적이다. 일반적이고 상시적인 재정활동이 아니므로 일반회계의 형태로 지원하기에 적절하지 못하고, 지출된 자금이 수년이 지난 후에 회수되기 때문에 1년 단위로 세입세출결산을 해야 하는 특별회계 운영원칙과도 맞지 않기 때문이다. 따라서 투·융자 지원을 필수적으로 요구하는 문화콘텐츠산업 지원사업은 예산이 아닌 기금의 형태로 운영되는 것이 보다 적절하다.

실제로 문화산업진흥기금이 폐지된 이후 정부의 문화콘텐츠산업 진흥정책은 모태펀드와 관련 기금사업도 있었지만 예산 사업에 크게 의존해왔다. 문화체육관광부의 문화콘텐츠 분야 진흥예산이 어떠한 방식으로 집행되었는지 시계열적으로 분석한 김규찬(2012)에 따르면, 문화콘텐츠 관련 시설지원과 기관지원 등 '하드웨어' 분야에 많은 예산이 배정되었고, 창작이나 유통, 소비지원 같은 '소프트웨어' 지원 예산은 일부에 그친 것으로 나타났다.

아래 〈표 80〉은 2007년부터 2011년까지 5년간 문화부 일반회계와 특별회계 예산으로 추진된 사업 가운데 문화콘텐츠와 관련된 사업만 추출하여 예산액을 합산한 결과이다. 2011년의 경우만 보더라도 시설지원과 기관지원, 기타 진흥기반 지원에 대부분의 예산이 사용되었고, 창작과 유통, 소비지원에는 전체 예산액의 20%도 사용되지 못했음을 알 수 있다. 뿐만 아니라 창작이나 유통, 소비지원 사업에 지원된 예산 또한 연도별로 큰 차이가 있어 안정적인 사업 추진에 어려움이 있을 수 있다. 2009년의 경우 전체 문화콘텐츠 관련 예산의 약 20%가 창작지원 분야에 지원되었지만, 2011년에는 약 10%만이 이 분야에 지원되어 실질적으로는 절반 가까이 줄어든 모습을 보인다.

〈표 80〉 문화콘텐츠진흥 정책수단별 예산

(단위: 백만 원)

구분	시설지원	기관지원	창작지원	유통지원	소비지원	진흥기반	합계
2007	40,207 (18.8%)	83,375 (39.0%)	31,486 (14.7%)	32,898 (15.4%)	4,701 (2.2%)	21,188 (9.9%)	213,855 (100%)
2008	40,945 (22.2%)	66,927 (36.3%)	22,879 (12.4%)	29,210 (15.9%)	4,589 (2.5%)	19,622 (10.7%)	184,172 (100%)
2009	72,280 (24.5%)	61,863 (21.0%)	56,589 (19.2%)	44,087 (15.0%)	5,187 (1.8%)	54,868 (18.6%)	294,874 (100%)
2010	77,611 (23.4%)	86,342 (26.0%)	43,699 (13.2%)	35,880 (10.8%)	5,888 (1.8%)	82,476 (24.9%)	331,897 (100%)
2011	109,509 (32.3%)	79,843 (23.6%)	33,715 (9.9%)	24,664 (7.3%)	7,666 (2.3%)	83,520 (24.6%)	338,916 (100%)

* 2005년 GDP디플레이터를 적용한 실질예산액 기준
** 출처 : 김규찬(2012), 『문화콘텐츠산업 진흥정책의 시기별 특성과 성과 : 1974~2011 문화예산 분석을 중심으로』, 272~273쪽 수정 인용

예산으로 추진된 문화콘텐츠 관련 진흥사업이 이러한 형태일 수밖에 없는 이유는 자명하다. 연간 단위 세입세출 결산을 해야 하는 예산사업은 성과가 가시적으로 보이는 시설이나 기관지원 같은 경상사업 추진에 보다 적합하며, 창작이나 유통지원 같은 사업 또한 보조금 지원형식의 단기 지출사업에 그치는 경우가 적지 않다. 더불어 예산 사업은 세세한 사항까지 국회 심의를 거치기 때문에 당시 정치적 여건에 좌우되는 경우가 많다. 정부에서 일관된 기조로 특정 사업을 추진하려 해도 매년 달라지는 국회 내외부의 사정에 따라 결과가 판이하게 달라질 가능성이 높다.

이처럼 사업목적과 용도의 특수성을 고려할 때 문화콘텐츠 진흥재원은 예산이 아닌 기금 형태로 운용되는 것이 적절하다. 첫째, 주요 용도가 융자와 같은 금융지원 사업이고, 둘째, 정치적 이해관계에 휘둘리지 않고 안정적으로 특정사업을 지속할 수 있어야 하기 때문이다. 기금도 예산처럼 국회 심의를 받기는 하지만 예산에 비해서는 상대적 자율성이 높다는 점을 십분 활용할 수 있다.

3) 재원 운용의 신축성

문화콘텐츠 진흥관련 재원은 또한 신축적으로 운용될 필요가 있다. 예산은 회계연도 개시 이전에 확정되어야 하는데, 정부 내부의 편성 절차와 국회 심의 기간을 고려하면 사실상 1~2년 전에 지출 분야와 규모가 구체적으로 마련되어 있어야 한다. 하지만 현 콘텐츠시장 환경에서 1~2년 전에 1년 단위의 세세한 수입 및 지출소요를 예측하기란 매우 어려운 일이다. 앞서 살펴본 김규찬(2012)의 연구결과에 따르면, 문화콘텐츠 관련 예산과 매출액은 2년의 시차를 두고 가장 큰 상관관계를 보이며, 예산과 수출액은 4년 후에 가장 유의미한 상관관계를 나타내기 때문이다. 또한 장르별로도 이러한 순환주기에 차이가 있어서, 출판과 영화는 예산 투입이 매출 또는 수출 증대로 나타나는 시차가 1년으로 짧은 반면, 음악이나 애니메이션, 캐릭터 분야는 3~4년으로 길다. 따라서 문화콘텐츠 분야에 통용되는 일관된 기한을 설정할 수 있는 것도 아니다.

<표 81> 문화콘텐츠 관련 예산과 매출액 및 수출액 간의 상관관계가 가장 큰 시차

구분	전체	출판	만화	음악	게임	영화	애니	방송	캐릭터
예산 → 매출액	2년	1년	-	4년	3년	-	4년	2년	4년
예산 → 수출액	4년	-	-	-	4년	1년	-	3년	3년

* 출처 : 김규찬(2012), 『문화콘텐츠산업 진흥정책의 시기별 특성과 성과 : 1974~2011 문화예산 분석을 중심으로』, 229~230쪽 수정 인용

이 결과에 근거한다면 2년 또는 4년 후에 나타날 성과를 1~2년 전에 예측하고 지원규모와 분야를 확정해야 하는데, 아무리 과학적인 방법론을 동원한다고 해도 이는 불가능한 일이다. 예컨대

융자사업의 경우 최초 약정 시기보다 성과가 1~2년 정도 앞서 달성되거나 지체되어 달성될 수 있는데, 이에 탄력적으로 대응하지 못하고 자금회수가 늦어지거나 일러진다면 효율적인 재정집행을 할 수 없다. 예산이 아닌 기금의 형태라면 20% 이내 범위에서 국회의 승인 없이도 지출내역을 변경할 수 있으므로 당시 환경과 여건에 맞추어 탄력적으로 대응할 수 있다. 극단적인 사례로 예산의 경우 2012년 11월에 새로운 사업 수요가 발생한 경우 예산안이 이미 국회로 넘어간 시점이므로 특수한 경우가 아니고서는 2014년까지 기다려야 재원 투입이 가능하다. 하지만 기금이라면 2012년 지출 구조 내에서 최대한 이에 대응하여 자금을 편성할 수 있다.

결국 문화콘텐츠산업은 불확실성이 높고 지출과 성과 간의 시차가 장르별, 시기별로 다양하게 나타날 수 있으므로, 정부가 이에 능동적이고 대처하기 위해서는 예산이 아닌 재원의 신축적 활용이 가능한 기금의 형태가 보다 적절한 것으로 결론내릴 수 있다.

3. 문화콘텐츠진흥기금의 설계

가. 문화콘텐츠진흥기금의 설치안

콘텐츠진흥 기금의 설치를 위한 법안의 문구는 문화관광부(2011)가 2011년에 연구한 『콘텐츠 금융투자 활성화를 위한 법제도 개선방안 연구』에 제시되어 있으므로 이를 인용한다. 이 안은 문화산업진흥기본법의 제 8조로 되어 있다. 그리고 국가재정법 제5조 제1항에 따라 국가재정법 별표 2에 규정한 법률에 의하지 아니하고는 이를 설치할 수 없으므로 국가재정법 별표 2를 개정하여 문화산업진흥기본법을 새로 추가하여야 한다.

〈문화콘텐츠진흥기금 설치안〉
제8조(문화콘텐츠진흥기금의 설치) ①정부는 문화산업 및 문화콘텐츠의 진흥을 지원하기 위하여 문화콘텐츠진흥기금(이하 "기금"이라 한다)을 설치한다.
②기금은 다음 각 호의 재원으로 조성한다.
1. 국가나 지방자치단체의 출연금 및 융자금
2. 국가나 지방자치단체 외의 자의 출연금 및 융자금
3. 「공공자금관리기금법」에 따른 공공자금관리기금에서의 예수금(豫受金)
4. 「국가재정법」에 따른 기금으로서 대통령령으로 정하는 기금 등으로부터의 전입금
5. 「벤처기업육성에 관한 특별조치법」제4조의2에 의한 중소기업투자모태조합의 문화산업별도 계정
6. 기금운용 등에 따른 수익금

7. 차입금 및 기타 수입금
8. 그밖에 대통령령으로 정하는 수익금
③기금은 다음 각 호의 어느 하나에 해당하는 사업의 지원을 위하여 운용한다.
1. 우수문화상품과 수출전략 문화상품의 개발 및 제작 지원
2. 문화산업 관련 사업을 영위하고자 하는 기업의 창업 지원
3. 문화산업 및 문화콘텐츠 활성화를 위한 투자 관련 사업 지원
4. 창업자, 제작자, 독립제작사 등의 문화상품 제작 지원
5. 유통전문회사의 설립·운영 지원
6. 국가간 공동제작·합작투자 지원
7. 해외마케팅 및 수출지원
8. 문화산업 및 관련 사업자에 대한 지원
9. 문화산업전문투자기구 또는 문화산업전문회사(문화산업운용회가 사업관리자인 경우에 한한다)에 대한 지원
10. 그 밖에 문화산업 및 문화콘텐츠 진흥을 위하여 대통령령으로 정하는 사업

나. 문화콘텐츠진흥기금의 운영 방안

신설되는 문화콘텐츠진흥기금이 문화산업 및 문화콘텐츠의 진흥이라는 목적을 달성하고 동시에 기금 운영평가에서 좋은 평가를 받고 기금 존치평가도 무난히 통과하기 위한 운영 방안을 제안한다.[60]

(1) 문화콘텐츠 진흥기금의 재원

문화콘텐츠 진흥기금의 재원은 일반회계, 타기금으로부터 전입금, 모태펀드 문화계정 출자액 그리고 법정부담금을 주요 재원으로 하고, 융자사업으로 인한 이자와 금융기관 예치로 인한 이자가 추가 재원이 된다. 문화콘텐츠 진흥기금의 출연액의 규모는 향후 10연간 총 1조 8,618억(3,000억+945억×10년+3,288억+576억×5년) 원이 된다.

일반회계 전입금은 2013년부터 3년간 매년 1,000억 원씩 출연하는 것으로 잡았다. 타기금으로부터 전입의 경우 영화발전기금, 관광진흥기금, 방송통신기금 그리고 정보통신진흥기금으로부터

---

[60] 국가재정법제82조(기금운용의 평가) ① 기획재정부장관은 회계연도마다 전체 기금 중 3분의 1이상의 기금에 대하여 대통령령이 정하는 바에 따라 그 운용실태를 조사·평가하여야 하며, 3년마다 전체 재정체계를 고려하여 기금의 존치여부를 평가하여야 한다.
이 평가 결과가 미흡할 경우 사업이가 삭감 당한다. 기금운용계획 수립시 '미흡'이하 등급을 받을 사업은 원칙적으로 전년대비 사업비 10% 이상 삭감한다.

매년 945억 원씩 문화콘텐츠진흥기금에 출연하는 것으로 잡았다.[61] 모태펀드 문화계정에 출자한 금액인 3,390억 원의 97%인 3288억 원을 문화콘텐츠 진흥기금에 출연한다. 모태펀드 문산기금의 재원은 2,820억 원이고 영화기금의 재원은 570억 원으로 합하면 3,390억 원인데, 모태펀드의 수익률이 평균 -3%정도 이다. 법정부담금은 매출액 300억 이상인 콘텐츠 대기업으로부터 매출액의 0.40%를 부담금으로 거두면 이 금액은 576억 원이 되고, 이 금액은 향후 5년간 기금으로 전입된다.

(2) 문화콘텐츠 진흥기금의 수입과 지출

위에서 설계한 재원에 근거하여 문화콘텐츠 진흥기금의 수입을 계산해 보자. 일반회계 전입금은 매년 1,000억 원이 들어오고, 타기금으로부터 매년 945억 원이 들어온다. 모태펀드 문화계정에 출자한 금액은 향후 8년간 매년 411억 원씩 문화콘텐츠 진흥기금으로 전입되는 것으로 잡았다[62]. 법정부담금은 매년 576억 원씩 전입된다.

여기에 추가로 기금의 융자와 여유자금 운용으로 인한 수입이 발생한다. 융자이자회수는 2013년 이후 매년 1,000억, 1,200억, 1,400억씩 융자하고, 이에 대한 이자가 연간 3%이라고 가정하고 잡은 금액이다. 여유자금운용으로 인한 수입을 여기에서는 계상하지 않았다.

<표 82> 문화콘텐츠 진흥기금의 수입과 지출 계획

(단위 : 억원)

수입				지출			
항목	13계획	14계획	15계획	항목	13계획	14계획	15계획
합계	2,962	2,968	3,970	합계	2,962	2,968	3,970
o 자체세입	606	612	1,597	o 사업비	2,231	2,530	2,844
- 융자회수			1,000	- 경상사업	500	500	500
- 융자이자회수	30	36	38	- 자본지출	731	830	944
- 법정부담금	576	576	576	- 융자사업	1,000	1,200	1,400
o 정부내부수입	2,356	2,356	2,356	o 기금운영비	60	63	66
- 일반회계전입	1,000	1,000	1,000	- 인건비	20	21	22
- 타기금전입	945	945	945	- 기타운영비	40	42	44
- 타기금예탁금회수	411	411	411	o여유자금운용	671	375	1,060

---

61) 417억 원의 근거는 앞 장에서 제시하였는데, 지난 3년간 이들 기금의 여유자금 평균액의 10%에 해당하는 금액이다(단 체육진흥기금의 경우 5%).
62) 이 재원이 투자되어 회수되는 데에는 8년이 소요되고, 지난해부터 일부가 회수되기 시작하였다. 투자수익률은 약 -3%로 원금이 약간 손실되고 있다. 따라서 3,390억 원이 향후 8년간 매년 동일하게 회수된다고 가정하고 원금이 전액 회수될 경우 매년 424억 원이지만, 3%씩이 손실이 생긴다는 점을 감안하면 411억 원이 된다

이 기금의 지출은 경상사업, 자본투자 그리고 융자사업으로 이루어지는 사업비가 대부분을 차지하고, 기금 운영비가 일부를 차지하고 남는 자금은 여유분으로 금융기관에 예치한다. 사업비중 경상 사업비로 매년 500억 원씩을 지출한다. 자본지출은 2013년에 731억 원, 다음해에 830억 원, 다음해에 944억 원으로 잡았다.[63] 융자사업의 규모는 2013년 이후 1,000억, 1,200억, 1,400억 원으로 잡았다. 기금 운영비는 2013년에 60억으로 잡은 후 매년 5%씩 증가하는 것으로 잡았다.

다. 문화콘텐츠 진흥기금의 재원에 대한 평가

기금의 재원을 위와 같이 설계할 경우에 기금존치평가의 재원 구성 측면에서 문제가 발생한다. 기금 존치평가에서는 재원의 평가 항목은 다음과 같다;
- 자체 수입이 2/3이상으로 설계해야
- 총 조성액중에서 정부출연금과 차입금이 차지하는 비중이 1/2 이하
- 수익자, 원인자, 손괴자 부담원칙에 부합하지 않은 재원이 있는가?

우리가 설계한 바에 의하면 문화콘텐츠진흥금에서 자체 수입이 2/3를 넘지 못하고, 상당한 기간 동안 총 조성액 중에서 정부출연금이 차지하는 비중이 1/2이하로 되기 어렵다. 이러한 문제점은 시간이 지남에 따라서 점차 해소될 수 있다. 2013년에 있을 기금 존치 평가에서는 평가대상에 포함되지 않지만, 2016년에 있을 기금 존치 평가에는 포함되는데, 2016년에는 위의 두 기준을 통과할 수 있다. 한편, 문화콘텐츠진흥기금의 경우 수익자, 원인자, 손괴자 부담원칙에 부합하지 않는 재원은 없다고 판단된다.

우리가 설계한 대로 운영될 경우 문화 콘텐츠 기금의 재원은 안정적일 수 있다. 매년 타기금과 부과금으로 945억 원씩 전입되고, 향후 8년간 매년 모태산업 문화계정에서 411억 원씩 전입되며, 사업자로부터의 부과금이 매년 576억 원씩 전입되기 때문이다.

---

63) 이는 『모태펀드 문화계정 운용 효율화 방안 연구』 의 추정치(44쪽)를 인용한 금액이다.

제6장

결 론

제6장 결 론

이 보고서에서는 문화콘텐츠 사업자들이 가장 필요로 하는 투자와 융자를 지원하기 위한 정책금융 제도의 현황을 분석하고 이를 보완하는 방안을 제안하였다. 문화콘텐츠 사업자에 대한 정책금융을 보완하는 방안으로 크게 다음 두 가지를 고려할 수 있다. 하나는 현재 운영되고 있는 모태펀드 문화계정의 재원을 확대하는 방안이고, 또 다른 하나는 2006년에 폐지된 문화산업진흥기금과 유사한 문화콘텐츠진흥기금을 신규 설치할 것을 제안하였다. 여기에서는 본문의 내용을 요약하지 않고,[64] 본문에서 제안된 내용을 어떻게 구현할 수 있는지를 간략히 검토해 본다.

이 제안이 실현되기 위해서는 문화체육관광부 내에서의 협조와 방송통신위원회, 지식경제부 그리고 기획재정부의 동의가 필요하다. 물론 법률이 개정되어야 하므로 위와 같은 정부부처의 동의뿐 만 아니라 국회의 동의를 받아야 한다. 아래 표에서는 모태펀드 문화계정 재원 확충과 문화콘텐츠 기금의 설치에 필요한 법령 개정과 관련 부처를 정리하였다.

<표 83> 모태펀드 문화계정 재원 확충과 문화콘텐츠 기금의 설치에 필요한 법령 개정과 관련 부처

내 용			법령 개정	관련 부처
모태펀드 문화계정 재원 확충	IT와 문화 관련 기금으로부터 출연		관광진흥개발기금, 국민체육진흥기금 관련 법률	문화체육관광부 내
			방송통신발전기금 관련 법률	방송통신위원회
			정보통신진흥기금 관련 법률	지식경제부
	콘텐츠 사업자에게 부담금 부과		문화산업진흥기본법과 부담금관리기본법	문화체육관광부와 기획재정부
문화콘텐츠 진흥기금의 설치	기금 설치 방안		문화산업진흥기본법과 국가재정법	문화체육관광부와 기획재정부
	재원 확충 방안	일반 회계	-	기획재정부
		IT와 문화관련 기금으로부터 출연	관광진흥개발기금, 국민체육진흥기금, 방송통신발전기금, 정보통신진흥기금 관련 법률	문화체육관광부, 방송통신위원회, 지식경제부
		모태펀드 문화계정	-	중소기업청
		콘텐츠 부담금	문화산업진흥기본법과 부담금관리기본법	문화체육관광부와 기획재정부

실행전략으로 모태펀드 문화계정의 재원 확충과 문화콘텐츠진흥기금의 설치를 동시에 진행하기는 어려울 것이다. 왜냐하면 두 안의 내용이 상당히 중복되기 때문이다. 모태펀드 문화계정의 재원

---
64) 본문의 요약은 이 보고서의 맨 앞에 정리해 두었음

을 확충하는 방안이 문화콘텐츠 진흥기금의 설치보다는 절차적으로 간단하므로 이 안을 먼저 실행하는 것이 나을 수 있다.

1. 모태펀드 문화계정 재원 확충의 실현

　모태펀드 문화계정의 재원을 적극 확충하기 위해서는 IT와 문화 관련 기금으로부터 출연과 콘텐츠 사업자에게 부담금을 부과하는 방안을 동시에 구현하는 것이 가장 바람직하다. 하지만 여러 여건상 어려움이 있다면, 정책적으로 실현 가능하고 용이한 방안을 단계적으로 구분하여 적용 순서를 조정할 수 있다.

　첫째는 문화부가 운영하는 타 기금으로부터 출연받는 방안이다. 영화발전기금, 관광진흥개발기금, 국민체육진흥기금은 관리주체가 문화부 또는 문화부 산하 기관이므로, 부서 간 합의만 된다면 해당 법령이나 규정 개정에 문화부가 바로 나설 수 있을 것이다. 물론 필요성과 기금용도에 대한 합의가 있어야 하고 법령 개정이 필요하므로 단기간에 될 수 없는 한계는 여전히 존재한다.

　둘째는 타 부처가 운영하는 기금으로부터 출연받는 방안이다. 방통위가 관리하는 방송통신발전기금과 지경부 산하의 정보통신진흥기금으로부터 모태펀드의 출연을 성사시키기 위해서는 부처 간 논의 및 협조, 법령 개정이라는 여러 단계가 존재한다. 따라서 현 시점에서 이들 기금의 출연을 요청하여 단기간에 성사될 수 있을 것으로 기대하기는 쉽지 않은 상황이다. 다만 현재 ICT 관련 부처를 확대 개편하는 방향으로 논의가 진행되고 있고, 방송통신위원회는 직접 방송콘텐츠 지원 사업을 수행하고 있기도 하므로 정책적 또는 정치적 타협이 가능하다면 전혀 불가능한 대안은 아니라고 판단된다.

　셋째는 콘텐츠 사업자에게 부담금을 부과하는 방안이다. 이는 부처 간 협조와 법령 개정과 더불어 '사회적 동의'라는 필수 선결 조건이 존재하므로, 정책 구현을 위해 상당한 노력을 필요로 한다. 우선 콘텐츠 사업자의 경우 법적으로 문화부가 진입규제, 소유규제와 같은 구조 규제 권한이 없고, 요금 규제나 영업 규제 등 행위 규제를 할 권한 또한 없다. 현재 문화부가 영화와 게임 등에서 등급심의를 하고는 있지만 이를 통해서 행위 규제를 하기는 어려운 여건이다. 더불어 현행 콘텐츠 사업자 가운데 대기업은 정부의 금융과 재정 지원을 받지 않고 있기 때문에 정부가 지원은 해주지 않고 부담금이라는 준조세를 부과할 경우 일정한 마찰이 발생할 가능성도 있다. 제작되는 콘텐츠가 좋아야 유통 사업자도 수익 기회가 발생하고 제작 부문의 성장이 필요하다는 것에 콘텐츠 대기업이 동의하지만, 제작 부문의 육성에 필요한 재원을 민간에서 출연하는 것에 대해서는 반발할 개연성이 크다. 하지만 앞서 살펴본 바와 같이 다양한 형태의 콘텐츠 사업자가 직·간접적으로 정부의 콘텐츠 진흥정책으로 인한 혜택을 보고 있는 것은 점차 분명해지고 있으므로, 사회적 차원의 동의와 합의를 이끌어 내면 가장 공정한 대안이 될 수도 있다. 이를 위해서는 국무총리 산하 콘텐츠산업진흥위원회와 같은 범정부적 컨트롤타워의 역할이 필수적으로 요구된다.

2. 문화콘텐츠진흥 기금설치의 실현

　문화콘텐츠진흥기금의 설치는 콘텐츠산업 분야의 안정적 진흥재원을 마련하기 위한 가장 효과적인 정책 방안이다. 문화콘텐츠진흥기금을 설치하기 위해서는 기획재정부와 우선적으로 협의하여 국가재정법과 문화산업진흥기본법에 설치 근거를 명시하고, 국회를 상대로 입법을 추진하면 된다. 그리고 재원은 앞서 살펴본 바와 같이 일반회계, 관련 기금, 콘텐츠 부담금 등으로 마련할 수 있다. 일반회계의 경우 기획재정부를 설득해야 하고, IT와 문화 관련 기금의 경우 해당 기금 운영주체인 문화부, 방송통신위원회, 지식경제부 등을 설득해야 한다. 또한 모태펀드 문화계정의 전환을 위해서는 중기청의 협력이 필요하며, 콘텐츠 부담금의 경우 콘텐츠 대기업과 기획재정부를 설득해야 하는 지난한 과정이 존재한다.

　하지만 이보다 중요하고 어려운 것은 문화콘텐츠진흥기금 설치 필요성에 대한 대내외적 공감을 얻는 것이다. 과거에 이와 유사한 형태의 기금이 설치되었다가 폐지된 전례가 있기 때문에, 현 시점에서의 다시금 기금 설치를 주장하는 것은 오히려 어려운 일일 수도 있다. 그럼에도 불구하고 이 보고서는 문화부가 콘텐츠진흥기금 설치를 위한 노력을 소홀히 해서는 안 됨을 주장하며 마무리하고자 한다.

　문화부는 현 시점에서 문화콘텐츠진흥기금이 왜 다시금 필요하며, 과거와 어떠한 면에서 차별적이고 개선된 형태인지 정리하고 관련 기관을 설득할 필요가 있다. 이를 위해서는 문화콘텐츠진흥기금의 필요성과 달라진 정책 환경에 대한 기획재정부의 동의를 우선적으로 이끌어내야 하는데, 이는 사실 논리와 정책적 차원뿐만 아니라 여론과 정치적 차원으로 해결할 수 있는 방안을 더불어 모색해야 할 것이다. 실제로 김대중 정부에서 문화산업진흥기금이 설치될 수 있었던 것도 기금 필요성에 대한 논리적 근거와 함께 새 정권 초기 문화콘텐츠의 중요성에 대한 정치적 판단과 우호적인 여론에 힘입었음을 부인할 수 없다.

　우리나라의 경제 정책을 주도하는 기획재정부는 여전히 제조업 위주의 정책에 우선순위를 두고 있지만, 이제는 정말 문화콘텐츠산업이 차세대 주요 성장동력 가운데 하나임을 구호가 아닌 행동으로 보여줄 때가 되었다고 연구진은 판단한다. '한류'라는 용어는 이제 전 국민이 인식하는 시대적 조류이고 이를 통해 수출이 증대되는 등 제조업에도 혜택이 돌아가고 있지만, 이 분야를 안정적, 지속적으로 발전시키기 위한 정부의 재정 지원은 턱없이 부족하다. 현 정부의 임기가 얼마 남지 않았으므로 문화부는 지금부터라도 차기 정부가 문화콘텐츠산업의 안정적 지원을 위한 기금 설치를 추진할 수 있도록 발 벗고 나설 필요가 있다. 문화콘텐츠진흥기금의 설치를 위해서는 기획재정부를 포함한 여러 부처의 협조, 국회의 동의로 표현되는 정부의 의지가 무엇보다 중요하므로 이를 이끌어내고 추진할 수 있는 지혜, 끈기, 힘이 그 어느 때보다 요구된다.

참고문헌

감사원(2009.10), 『감사결과보고서 –모태펀드 조성 및 운용실태–』

고정민(2011), "음악 산업의 유통현황과 활성화 방안," 문화체육관광부, 한국콘텐츠진흥원, 한국문화관광연구원 주최, 『한국 대중음악의 글로벌 경쟁력 강화를 위한 전문가 토론회』 발제문, 2011.7.19.

국회예산정책처(2012), 『2012년도 대한민국 재정』.

기획예산처(2004.8), 『기금존치평가보고서』.

기획예산처(각년도), 『기금현황』.

기획재정부(각년도), 『기금현황』,

기획재정부, 『2010년도 부담금 운용 종합보고서』

김규찬(2012), 『문화콘텐츠산업 진흥정책의 시기별 특성과 성과 : 1974~2011 문화예산 분석을 중심으로』, 서울대학교 대학원 언론정보학과 박사학위논문.

문화관광부(2006), 『문화산업 투자활성화 방안 연구』.

문화관광부(2011), 『콘텐츠 금융투자 활성화를 위한 법제도 개선방안 연구』, 2011.5.

문화관광체육부(2010) 『2010 국민여가활동조사』

문화체육관광부(2011), 『2010 외래관광객 실태조사보고서』

문화체육관광부·한국콘텐츠진흥원(2012) 『2011 콘텐츠 산업통계』

옥성수(2006), 『문화산업투자 활성화 방안 연구』, 문화부.

중소기업중앙회(2011), 『콘텐츠 중소기업 경영상화 및 애로조사 결과 보고서』.

지디넷코리아(2011.5.3.), "이통사–CP, 정보이용료 수익배분 개선된다"

KIS Pricing(2011), 『10년도 모태펀드 성과평가 보고서』, 2011.10.

한겨레신문(2011.9.23.) "이통사들 모바일 음원 매출 '폭리'"
 [available at] http://www.hani.co.kr/arti/politics/politics_general/497566.html

한국문화관광연구원(2011.11), 『모태펀드 문화계정 운용 효율화 방안 연구』, 한국콘텐츠진흥원 연구보고서 11–45.

한국벤처(2012), "2011.12월 모태펀드(문화계정) 투자현황 보고".

한국소프트웨어진흥원(2006), 『디지털콘텐츠 유통경로에 따른 합리적 수익배분 조사』, 정책연구 06–03.

한국수출입은행(2012.2), 『미국 콘텐츠 금융시스템 연구』, 한국콘텐츠진흥원 연구보고서 11–70.

한국정보통신진흥협회(2011) 『2010 정보통신산업 통계연보』
한국정보통신진흥협회(2011) 『2011 방송통신산업 통계연보』
헤럴드경제(2010.4.4.) "엔터산업 비밀 숫자에 숨어있다".

ACIL Tasman (2008). *Evaluation of the Commercializing Emerging Technologies (COMET) program*. innovation.gov.au

AusIndustry (2011). *COMET: In a snapshot*. ausindustry.gov.au

Australia 2020 Summit (2008). *Towards a creative Australia: the future of the arts, film, and design*.

ACG(Angel Capital Group) (2010). *Mini-study on the Access to Finance activities of the European Creative Industry alliance*. Report to the European Commission, DG Enterprise and Industry.

Burrows, H. et al (2011). *Risky Business*. demos.co.uk

Center for International Economics (2009). *Creative Industries Economic Analysis: final Report*.

Convergence Review Committee (2012). *Convergence Review: Final Report*. dbcde.gov.au

Creative London (2005). *Strategies for Creative Spaces: Phase 1 Report*. artistlink.org.

Cunnignham, S. (2008). *What is the creative economy?*. creative.org.au

Cutler & Company (2008). *Venturous Australia: building strength in innovation*.

Davis. A. (2011). *Beyond the Banks: Innovative ways to finance Britain's small businesses*. nesta.org.uk

DCAL(Department of Culture, Arts and Leisure) (2008. Oct). *Strategic Action Plan: Creative Industries in Northern Ireland*. dcalni.gov.uk

Department for Arts (2011). *National Cultural Policy: discussion Paper*. cuture.arts.gove.au

Department for Arts (2011). *National Cultural Policy: discussion Paper*. cuture.arts.gove.au

DIISR (2011). *Innovation Australia: annual Report 2010-11*. ausindustry.gove.au

Enterprise Connect (2009). *Enterprise Connect Creative Industries Innovation Centre: Client Guidelines*. enterpriseconnect.gov.au

Enterprise Connect (2008. Oct.). *Enterprise Connect Discretionry Grant Guidelines*. enterpriseconnect.gov.au

Foored, Jo (2008). 'Strategies for creative industries: an international review.' *Creative*

Industries Journal. Vol 1(2)

Fraser S. & IFF research(2011). Appendix.1: Access to finance for Creative Industry Businesses: Econometric Analysis from the UK Survey of SME Finances. berr.gov.uk

Government of South Australia (2005). *Creative industries in South Australia*.

HM Revenue & Customs (2011). *Seed Enterprise Investment Scheme*. hmrc.gov.uk

IFF Research and Fraser S. (2011). *Appendix2: Access to Finance for Creative Business: Qualitative Survey*. bis.gov.uk

Janet C. & Mary Travers (2009). *Arts Plus: New model New money: Australian Survey*. arts.qld.gov.au

KEA (2010). P*romoting Investment in the cultural and creative sector: financing Needs, Trends and opportunities*. www.keanet.eu

Matthews, Judy H. (2008). *Developing Creative Capital: What can we learn from the workplace?* In Proceedings Creative Value: Between Commerce and Commons. Barisbane.

Mckeigue J. (2011. Dec 02). *An astonishing new scheme for start-ups*. moneyweek.com

Prosser D. (2012. Apr.9). Small Talks. Seed scheme wins high praise-but there's still a downside. *Independent*.

Salih, Chris (2012.Apr.11). AIC welcomes Treasury rethink on VCT limit. *Moneymarketing*. moneymarketing.co.uk

Screen Australia (2010). *Funding Australian Content on Small Screens: A draft Blueprint*. screenaustralis.gove.au

Screen Australia (2011). *National Cultural Policy: submission*. screenaustralis.gove.au

SEEDA (South East England Development Agency) (2009). *Access to Finance for the Cultural and Creative Industries in the South East of England*. seeda.co.uk

The Smith Institute (2006) *Creative nation: advancing Britain's creative industries*. smith-institute.org.uk